Les Coopératives Françaises durant la Guerre

par

Charles GIDE

Professeur au Collège de France

1926 - 1927

ASSOCIATION

POUR L'ENSEIGNEMENT DE LA COOPÉRATION

85, Rue Charlot, Paris

Les Coopératives Françaises durant la Guerre

par

Charles GIDE

Professeur au Collège de France

1926 - 1927

ASSOCIATION
POUR L'ENSEIGNEMENT DE LA COOPÉRATION
85, Rue Charlot, Paris

CHAPITRE I

LA COOPÉRATION EN EUROPE PENDANT LA GUERRE

L'Histoire de la Coopération pendant la guerre n'a pas encore été faite. Je n'ai pas la prétention de la faire dans une quinzaine de leçons, mais cependant, avant que ces souvenirs ne s'effacent, il vaut la peine d'en conserver quelques traces (1).

Si j'avais à faire un sermon, au lieu d'une leçon, je la diviserais en trois points, comme font les prédicateurs, et je me demanderais :

a) ce que la guerre a fait pour la Coopération ?

b) ce que la Coopération a fait pour la guerre, c'est-à-dire quels sont les services qu'elle a rendus dans les pays belligérants à la défense nationale ?

c) ce que la Coopération a fait pour la paix, c'est-à-dire pour mettre fin à la guerre et si possible en prévenir le retour.

Le second point est celui qui fera l'objet de tout ce cours. Mais le premier et le troisième feront l'objet de cette leçon d'ouverture.

---

(1) Le sujet de ce cours a été traité dans une des monographies de la Bibliothèque Carnegie par M. Daudé-Bancel et par moi. Nécessairement il y a des parties communes. Mais l'exposé pour la Collection Carnegie est beaucoup plus sommaire que la présente étude, parce qu'il n'a pas été écrit pour les coopérateurs mais pour le public et que les coopératives n'ont tenu qu'une petite place dans le drame immense de la guerre.

§ 1. — Qu'est-ce que la guerre a fait pour la coopération ?

Elle lui a fait beaucoup de bien ; on pourrait presque dire que la coopération a été un des grands profiteurs de la guerre ! Du moins, peut-on dire qu'il n'y a point d'institution sociale qui en ait autant bénéficié. Mais encore faut-il préciser et dire comment, et sous quelles formes, la guerre, si détestée par les coopérateurs, leur a apporté un tel renouveau.

On a dit généralement, et je l'ai dit moi-même à maintes reprises, que pendant la guerre les coopératives avaient vu s'accroître le nombre de leurs membres beaucoup plus qu'à aucune autre époque de leur existence. Mais, à y regarder de plus près, je dois, sans rétracter tout à fait cette assertion, la rectifier. Voici pourquoi.

Il est vrai que depuis la guerre le nombre des coopérateurs a augmenté dans des proportions considérables. Je ne veux pas multiplier les chiffres mais, par exemple, pour la France, en 1914, on comptait 876.000 membres de sociétés de consommation. En 1922, 2.500.000. Le chiffre avait donc presque triplé.

Pour d'autres pays nous avons des statistiques mieux à jour. Ainsi, voici l'Angleterre. De 1914 à 1924, le nombre des coopérateurs des sociétés de consommation — ce sont les seules que je considère pour le moment — a passé de 3 millions à 4.910.000 ; l'Allemagne de 1.700.00 à 3.400.000 ; les trois Etats Scandinaves de 362.000 à 750.000 ; la Finlande de 90.000 à 198.000.

Dans l'ensemble, ces pays ont donc à peu près doublé le nombre de leurs coopérateurs pendant cette période décennale depuis le début de la guerre et l'augmentation a été plus grande encore dans trois pays où le développement a été quasi miraculeux : l'Autriche, la Hongrie et la Russie.

L'Autriche a passé de 198.000 à 475.000 ; mais cette

augmentation est bien plus surprenante encore qu'il ne paraît, car l'Autriche de 1914, en ne comptant que l'Autriche proprement dite, c'est-à-dire la Cisleithanie, avait tout de même 30 millions d'habitants tandis qu'aujourd'hui, elle n'en compte que 6.500.000 ; ainsi quoique sa population ait été réduite de plus des 3/4, la population coopérative, elle, a beaucoup plus que doublé. Vous n'avez qu'à voir quel progrès ces chiffres représentent comme proportion sur l'ensemble de la population : à peu près 7 p. 1.000 en 1914, 70 p. 1.000 en 1924, le décuple !

En Hongrie, la proportion est plus forte encore : 190.000 en 1914 et 870.000 en 1924. Mais en 1914 c'était la grande Hongrie, avec la Transylvanie et les autres provinces qui depuis ont été annexés soit à la Tchéco-Slovaquie soit à la Roumanie. Ici, aussi donc, quoique la Hongrie ait été réduite des 4/5, elle a vu sa population coopérative plus que quadruplée. Il semble que dans ces pays amputés des quatre membres, toute la vie, du moins toute la vie coopérative, ait reflué vers le cœur.

La Russie, en 1914, avait 1.650.000 coopérateurs ; en 1924, plus de 9 millions. Sa population coopérative a donc quadruplé, presque quintuplé, au milieu des effroyables bouleversements de la guerre, de la famine et de la Révolution.

L'affirmation que durant la guerre le nombre des coopérateurs a énormément augmenté, est donc vraie en elle-même. Mais cette affirmation perd beaucoup de sa valeur si l'on remonte en arrière et si l'on considère la période décennale précédente : 1904 à 1914. Alors, on voit que durant cette période l'accroissement pour nombre de ces pays n'a pas été inférieur, pour quelques-uns supérieur, à celui des dix années de la guerre. D'où il faut conclure, semble-t-il que même si la guerre n'avait pas eu lieu, l'accroissement normal, végétatif, si on peut dire, de la coopération aurait donné à peu près les mêmes chiffres que ceux que nous trouvons aujourd'hui. Si, pour ne pas multiplier les chiffres de détail, je prends les chiffres d'ensemble, avec la part d'incertitude que comportent ces totaux, je trouve les trois chiffres suivants pour l'Europe : en 1904, 3.000.000 coopérateurs ; en 1914, 10 millions ; en 1924, 24 millions. Si vous comparez ces trois chiffres, vous verrez que du premier au second, l'accroissement a été un peu plus considérable que du second au troisième, celui de la dernière décade.

Toutefois, ce qu'on peut dire c'est que c'est déjà beau que dans une Europe qui a perdu 10 millions d'hommes, et même plus, si l'on compte ceux qui sont morts de la famille, de maladies, néanmoins, le mouvement coopératif ait pu continuer comme en temps normal et qu'ainsi il ait supporté cette effroyable crise sans dommage, en admettant même qu'il n'y ait pas gagné.

D'ailleurs la guerre a fait plus pour la coopération que de maintenir ou même d'augmenter ses effectifs. Elle lui a conféré d'autres avantages supérieurs qui ne sont pas seulement de l'ordre quantitatif mais de l'ordre qualitatif. Elle l'a fait gagner en considération, en prestige. Le mot même de Coopération, qui dans nombre de pays et même en France était peu répandu, souvent même assez mal accueilli, aujourd'hui est entré dans le langage courant. Il a sa place marquée dans les manifestes des partis politiques, dans les programmes électoraux, dans les discours des banquets.

Cela s'explique aisément. A un moment où les Etats et les municipalités avaient tant de peine à approvisionner la population, alors qu'ils étaient obligés de recourir à des mesures plus ou moins arbitraires et généralement inefficaces, telles que la taxation des denrées, les réquisitions chez le producteur, la mise en cartes du consommateur pour imposer le rationnement de la population, à cette heure critique les coopératives ont apparu comme les meilleurs auxiliaires des pouvoirs publics. Elles se sont montrées les plus honnêtes répartiteurs des denrées pour la population, son plus sûr protecteur contre les exactions des marchands. Dans tous les pays les administrations publiques leur ont rendu justice et ont reconnu qu'il y avait là un mode d'entreprise qui était précisément celui qu'il fallait pour les circonstances. C'est pourquoi on a vu dans ces temps critiques les leaders de la coopération appelés aux plus hautes fonctions.

En Belgique, dès qu'après la signature de l'armistice, le roi est rentré dans sa capitale, le premier ministère nommé était composé en grande partie de coopérateurs pratiquants : c'était Vandervelde, c'était Anseele, le fondateur de la célèbre maison coopérative, le Vooruit, de Gand; c'était Wauters.

Quand la Finlande, enfin libérée du gouvernement tzariste, s'est constituée sous forme de République, son premier ministère, avec le président du Conseil, a été formé presque uniquement des membres du Conseil d'Administration de la société coopérative d'Helsingfors, l'Elanto, et même le Président de la République, Strahlberg, était un coopérateur. (1)

En Autriche, c'est un des coopérateurs bien connus que nous avions souvent rencontré dans les Congrès, le Docteur Renner, à qui a été confédé la dure mission de venir à Paris pour signer le traité de Saint-Germain, qui a mis fin à la guerre entre l'Autriche et l'Entente.

Un peu plus tard, c'est le Président d'une Coopérative de Varsovie, Wojciechowski, qui est devenu le Président de la République, qui l'est resté jusqu'à ces derniers jours, et qui, à ce que je crois, vient après sa démission de reprendre sa place parmi les coopérateurs. C'est en Suède le coopérateur bien connu, Anders Oerne, qui a été nommé ministre des communications.

En Russie, c'est le Centrosoyus, la grande Fédéra-

____

(1) A l'heure où s'impriment ces pages il en est de même. Le président du Conseil des ministres de Finlande est M. Tanner, un coopérateur militant qui vient d'être élu président de l'Alliance Coopérative Internationale.

tion coopérative, qui est devenue partie intégrante du gouvernement soviétique et qui notamment a été admise à participer au monopole de l'Etat pour le commerce extérieur.

En Allemagne, c'est le Dr August Müller, rédacteur du journal de l'Union Coopérative de Hambourg, et aujourd'hui professeur de la coopération à l'Université de Berlin, qui a été directeur d'un des grands services dEtat.

En France enfin, c'est un camarade coopérateur, Albert Thomas, qui a été chargé du plus lourd des ministères durant la guerre, le Ministère de l'Armement. Le somptueux hôtel dans lequel ce ministère fut installé, l'hôtel Claridge, aux Champs-Elysées, était devenu presque une succursale de notre Fédération Coopérative, tant y étaient nombreux les coopérateurs, théoriciens ou praticiens, préposés à des services importants.

La guerre a donné aussi une singulière actualité au programme coopératiste, ce programme qui ne vise à rien moins qu'à faire passer le gouvernement économique des mains des producteurs aux mains des consommateurs. Des quatre parties classiques de l'Economie politique, il en est une qui était toujours la plus dédaignée, qui n'a presque point de place dans les traités d'Economie politique et sur laquelle les étudiants savent qu'ils ne seront jamais interrogés à l'examen — c'est celle qui traite de la consommation : eh bien ! elle est devenue la grande préoccupation de la guerre.

On a compris à ce moment-là que toute l'activité économique n'avait vraiment d'autre but que la consommation, que c'était pour elle qu'il fallait tout organiser : or c'était précisément ce qu'avaient fait les sociétés de consommation. Et il a fallu se préoccuper du consommateur pendant la guerre, non seulement pour pourvoir à ses besoins, mais pour lui apprendre ses devoirs, pour le discipliner, pour qu'il ne prît pas toute la part pour lui et qu'il laissât la part des autres.

Toutes ces préoccupations, qui n'existaient guère dans l'état normal, ont passé au premier plan pendant la guerre. C'est pourquoi les gouvernements ne se sont pas bornés à faire une place d'honneur aux leaders de la coopération. Ils l'ont appelée en tant qu'organisation à participer à la vie nationale ; ils lui ont conféré une sorte de caractère officiel. En Italie, on a même été trop loin dans cette voie, puisqu'on a pu dire que les Coopératives étaient en train d'absorber l'Etat et puisque cet impérialisme coopératif a été un des motifs, ou un des prétextes, allégués par le fascisme pour légitimer sa proscription. Mais en France aussi, la Coopération a conquis, peu à peu, une place, en tant que représentant les intérêts du consommateur, dans toutes les Commissions instituées en marge du Parlement pour étudier les questions actuelles : telles que le Conseil National Economique, le Conseil Consultatif des chemins de fer, et même d'autres où sa place semble moins indiquée, tels que la Caisse pour l'amortissement de la Dette publique, ou celle, à peu près vide, des Souscriptions facultatives pour le Trésor Public. En outre, l'Etat a institué un Conseil Supérieur de la Coopération qui fait symétrie au Conseil Supérieur du Travail, et est appelé à discuter, à titre consultatif, les projets de loi intéressant les consommateurs. Enfin, en Allemagne, la Coopération n'a-t-elle pas pris place dans la Constitution même de la République ? N'y a-t-il pas un article 153 qui déclare que « les Coopératives et leur Fédération sont des pivots (trager) de l'Economie socialiste » ? Et que dire de la Russie soviétique où Lénine a déclaré que la Coopération était le seul moyen d'enraciner sur la terre russe le régime socialiste ?

Ce n'est pas tout. La guerre a fait plus pour la coopération que de lui conférer des honneurs ou des droits nouveaux dans l'Etat. Elle a apporté à son programme, à sa doctrine, les arguments les plus éloquents.

Comment cela ? Parce que la guerre, en intensifiant les vices du régime économique existant, a fait ressortir par contraste les vertus de la coopération.

On a souvent répété cette phrase que « par le fait de la guerre l'Economie politique avait fait faillite ». C'est devenu un lieu-commun, et pourquoi ? Parce qu'il est arrivé malheureusement à un économiste illustre, Paul Leroy-Beaulieu, de dire au début de la guerre qu'elle ne durerait pas plus de six mois. Alors, on a conclu non seulement que tous les économistes s'étaient complètement trompés mais même que les enseignements de la science économique et ses prétendues lois avaient été démentis par la guerre.

C'est une absurdité.

Il faut dire au contraire que la guerre a confirmé presque tous les enseignements de la science économique, mais il est vrai qu'elle a infligé de rudes démentis à l'optimisme de l'école économique libérale, celle qui enseignait que la libre concurrence et la loi de l'offre et de la demande suffisent pour assurer le maximum de bien-être et de justice.

La guerre a déterminé partout une hausse des prix : d'abord par la raréfaction des denrées, la mobilisation des travailleurs, le blocus ; puis ultérieurement, par la multiplication du papier-monnaie qu'on nomme l'inflation. Et certes en tout ceci elle n'a fait que confirmer les prévisions des économistes, mais elle n'a pas confirmé leur prévision optimiste que le mal porterait en lui le remède et que cette cherté aurait pour effet de réduire la consommation. La consommation a été plutôt surexcitée dans toutes les classes sociales. La hausse des prix n'a eu d'autre effet que de déchaîner une ruée vers le profit telle que le monde n'en avait jamais vue. Et dans aucun pays, pas même en Angleterre, les gouvernements n'ont cru possible de s'en remettre au laisser-faire pour assurer la vie du peuple.

La guerre a eu aussi pour effet d'intensifier les inégalités entre les pauvres et les riches, ces inégalités qui ont existé de tout temps et qui, d'après les économistes, sont une des conditions du progrès, parce que stimulants de l'activité économique, mais qui pendant la guerre ont pris des proportions démoralisantes.

Nous savons tous comment on a vu se former ces nouveaux riches, dont on a tant parlé, et aussi ceux dont on a moins parlé, les nouveaux pauvres, les pauvres des classes moyennes, les porteurs de valeurs mobilières dépréciées, les rentiers, les fonctionnaires, les retraités, les professions intellectuelles ; tous ceux-là ont connu la souffrance et dans certains pays, là où la dépréciation de la monnaie a été au maximum, comme en Allemagne ou en Autriche. En Russie, pour bon nombre la misère a été jusqu'à la mort.

En présence de ces fortunes scandaleuses et de ces misères imméritées, que reste-t-il de cette vieille maxime de la morale économique du « Bonhomme Franklin » : « quiconque dit qu'on peut s'enrichir autrement que par l'épargne ou le travail, n'est qu'un empoisonneur » ? Pourtant, nous avons vu que durant la guerre, et même après, ce mensonge là était l'exacte vérité : ce n'est pas par le travail et l'épargne mais par la spéculation sur les prix et sur les cours du change que se sont créées des fortunes énormes.

C'est dans ce milieu de capitalisme hypertrophié, c'est dans cette arène où toutes les passions du lucre étaient déchaînées, que les coopératives ont apparu comme des formes d'entreprise supérieures, moralement et économiquement, à celles qu'on avait connues jusque là et que la science économique déclarait définitives et éternelles. Car les coopératives dans leurs magasins ont précisément pour règle de ne point faire de bénéfices et répondent ainsi à cette belle définition juridique de nos lois françaises : « entreprise sans but lucratif » ; oui, c'est bien la définition qui convient à ces coopératives, qui n'ont jamais enrichi aucun de leurs membres ni de leurs administrateurs et qui dans leurs petits jardins clos n'ont point d'autel élevé à la Fortune, mais seulement une table servie pour ceux qui ont le souci du pain quotidien. Et l'opinion publique a sinon compris, du moins senti, que si ces sociétés coopératives étaient généralisées et pouvaient prendre le contrôle de l'organisation économique, elles nous donneraient un monde meilleur où le juste prix se trouverait réalisé par l'élimination des majorations parasitaires, où la course au profit cesserait puisqu'elle n'aurait plus de but, où même l'extrême inégalité des fortunes ne pourrait plus se réaliser. Car comment fait-on fortune ? Ce n'est pas par le travail, ni dans les fonctions publiques, mais c'est dans les affaires, c'est-à-dire par le profit réalisé dans l'industrie et le commerce. Eh bien, les coopératives, supprimant ces profits, supprimeraient aussi, du même coup, ces sources bourbeuses de la fortune qui pendant la guerre ont jailli de tous côtés.

C'est pourquoi la coopération a rallié à elle bon nombre de ceux qui, quoique révoltés par le spectacle de ce qu'on nomme « l'ordre économique », répugnaient cependant au socialisme collectiviste.

Ce n'est pas seulement par l'appât du bon marché que ces sociétés ont vu augmenter le nombre de leurs membres, car il n'a pas été toujours en leur pouvoir de faire baisser les prix, mais elles ont donné à leurs clients quelque chose de mieux que le bon marché : elles les ont délivrés du sentiment amer d'être exploités. Payer quelques sous de moins c'est un avantage sans doute, mais le plus grand avantage c'est de savoir qu'on ne paie, peu ou beaucoup, ce qu'il faut.

J'ai souvent comparé le rôle des coopératives durant la guerre — qui a ressuscité toutes les horreurs des grandes invasions — à ces églises et à ces abbayes autour desquelles se groupaient les populations du moyen-âge pour chercher un abri.

Après la guerre, lorsque les départements français occupés par les armées allemandes furent évacués, on trouva sur la devanture d'un magasin d'une société coopérative, dans la ville de Château-Thierry, inscrits ces mots en allemand : « laissez ceux-ci tranquilles ; ce sont de braves gens ».

Ce témoignage d'un soldat ennemi, si humble soit-il et par celui qui l'a signé et par ceux à qui il a été donné, mérite pourtant d'être conservé pieusement plus que tant d'inscriptions guerrières sur le bronze ou sur le marbre. Il atteste, au-dessus des conflits nationaux, le caractère international de la Coopération.

§ 2. — Qu'est-ce que la Coopération a fait pour la paix ?

Et maintenant, qu'est-ce que la coopération a fait pour la paix ? Car vous pensez bien que si la coopération doit beaucoup à la guerre, ce n'est point à dire qu'elle se soit réconciliée avec elle. Les coopérateurs ont continué à la détester après comme avant et à jurer de faire tout leur possible pour en empêcher le retour.

Or, la coopération a-t-elle pu faire, en Europe, quelque chose contre la guerre ?

D'abord elle avait fait ce qu'elle avait pu pour la prévenir ; comme d'autres organisations internationales, comme l'Internationale Ouvrière, elle avait maintes fois formulé des résolutions contre la guerre.

Dans le Congrès de l'Alliance Coopérative Internationale qui s'était réuni à Glascow, en 1913, l'année qui précéda celle de la catastrophe, les coopérateurs de tous les pays, comme ayant conscience du péril qui s'approchait, avaient consacré toute une séance à promettre que la guerre n'aurait pas lieu, qu'il fallait l'empêcher, et les plus fervents parmi eux avaient été les délégués des coopératives allemandes. C'est le délégué von Elm qui disait :

« Je sais qu'il n'est pas un coopérateur allemand qui

ne veuille la paix... Les délégués allemands feront tout leur possible pour s'organiser pour réaliser l'œuvre de paix internationale. »

Je n'assistais pas à ce Congrès, mais j'avais envoyé une lettre dans laquelle, tout en m'associant à ce vœu, j'exprimais quelque doute sur son efficacité.

« Nous savons, disais-je, que la voix des coopérateurs, même convoqués de tous les pays, est trop faible pour couvrir celle des intérêts et des passions coalisés.

« Nous pensons que, puisque les horreurs de la guerre des Balkans n'ont pas suffi à faire maudire la guerre, ce ne sont pas nos protestations qui pourront ouvrir les yeux à nos contemporains. »

Cette lettre, ce fut M. Albert Thomas, aujourd'hui Directeur du Bureau International du Travail, qui en donna lecture, et il ajouta ceci :

« J'ai envie de contredire cette parole de désillusion et de désenchantement scientifique. Nous autres, nous ne doutons pas qu'en toute circonstance la force coopérative soit assez grande aujourd'hui pour pouvoir s'opposer à la folie de quelques-uns de nos gouvernements. »

Hélas ! cette rectification optimiste ne fut pas confirmée par les événements et le démenti vint dès le lendemain.

Que pouvaient faire les coopérateurs de tous les pays en présence de ce déchaînement ? Rien.

Là où le socialisme international a été impuissant, là où même cette grande Internationale, qui s'appelle l'Eglise chrétienne, a dû se laisser emporter par le flot, ce n'est pas la coopération internationale, encore à cette époque bien faiblement organisée, qui pouvait opposer un barrage à ce déluge. Il n'y avait rien à faire qu'à se résigner et à servir son pays, car le pacifisme des coopérateurs n'allait pas jusqu'à se refuser à coopérer à la défense nationale. Chacun des pays belligérants, à ce moment-là, était persuadé qu'il n'entrait en guerre que par contrainte et contre une criminelle agression ; et chaque organisation coopérative, en son pays respectif, ne pouvant s'ériger en juge de camp, a fait preuve de loyalisme, mais s'ils ont rendu à leur gouvernement les services qui étaient dans leurs moyens, du moins l'ont-ils fait sans haine pour ceux qui étaient dans le camp opposé.

A la différence de l'Eglise chrétienne dont je parlais tout à l'heure et alors que les représentants des églises de chaque pays, catholiques ou protestantes, invoquaient leur Dieu national, et se renvoyaient les injures et les anathèmes, les coopérateurs au contraire, ont fait de leur mieux pour que les rapports internationaux qui avaient été brusquement interrompus pendant la guerre, pussent reprendre tout de suite après, pour éviter qu'un abîme ne fût creusé entre les pays belligérants.

Ils ne pouvaient pas faire beaucoup, mais ce qu'ils pouvaient faire, ils l'ont fait.

D'abord, ils ont continué leur collaboration sous la forme du *Bulletin de l'Alliance Coopérative Internationale*, qui paraît en trois langues : français, anglais et allemand, et qui a pu continuer pendant la guerre, seule publication internationale où des hommes des camps opposés aient collaboré, collaboration qui n'a pas été sans difficulté, ni même sans danger, car on pouvait y voir un cas « d'intelligence avec l'ennemi », et ce fait a été pendant la guerre, dans tous les pays, un crime pour lequel bon nombre d'hommes ont été fusillés. Eh bien ! on aurait pu reprocher, comme un crime, aux coopérateurs de continuer « l'intelligence avec l'ennemi ». Il y avait toutefois cette différence que ces relations avec l'ennemi étaient pures de tout esprit de lucre ou de trahison et n'avaient d'autre but, je le répète, que le désir de ne pas laisser se consommer une rupture irréparable.

Néanmoins, il n'aurait pas été permis à aucun des pays belligérants de publier et d'envoyer à l'étranger ce Bulletin ; un publiciste anglais, le D' Morel, fut condamné à plusieurs mois de travaux forcés pour avoir envoyé en Suisse une simple brochure dont il était l'auteur. C'est grâce à l'intervention de la Hollande, qui se chargea de la distribution, que la publication put être continuée.

Les coopérateurs cherchèrent aussi toutes les occasions d'apporter quelques adoucissements aux horreurs de la guerre et la vieille devise *Inter arma caritas* : la charité au milieu des armes, a été celle des coopérateurs.

C'est ainsi qu'en Angleterre les coopérateurs, les sociétés coopératives, se sont occupés des camps de concentration, d'internés.

Vous savez, — ou vous ne savez pas, car c'est un des côtés les plus douloureux de cette guerre et qui a été le plus ignoré — que dès le début de la guerre, dans chaque pays, les étrangers des pays ennemis ont été traités dans les conditions les plus odieuses. Ç'a été un des spectacles les plus odieux de cette guerre que le sort de ces internés qui, surpris, du soir au matin, par la déclaration de guerre, ont dû quitter leurs foyers, voir leurs biens séquestrés, leur famille dispersée, et ont dû passer des mois et des années dans les prisons ou dans les camps.

Eh bien ! les coopérateurs anglais ont cherché à venir en aide tout au moins aux femmes et aux enfants qui étaient enfermés dans ces camps, ces prisons.

Quand plus tard, après la guerre, en 1923, eût lieu l'occupation de la Ruhr, l'Alliance Coopérative Internationale ne manqua pas de protester, par l'organe de son Comité exécutif réuni à la Haye (22 avril 1923) : « l'A. C. I. constate avec un profond regret que l'occupation de la Rhur par les troupes françaises et belges entrave la reconstitution économique de l'Europe et la consolidation de la paix. Elle estime qu'une occupation militaire entraîne forcément des actes de violence et d'oppression. Elle adresse aux gouvernements français, belge et allemand un pressant appel de recourir à la Société des Nations ou à toute autre Cour d'arbitrage ».

La Fédération Coopérative française ne pouvait s'associer à cette protestation, car c'eût été se placer sur le terrain politique : quelques-uns des membres de son Conseil l'ont fait, mais à titre individuel. Mais du moins elle a pu demander aux gouvernements français et belge d'accorder certaines libertés aux sociétés coopératives allemandes existant dans le territoire occupé afin de leur permettre de continuer leur fonction en restant en relations avec leurs organisations Centrales de Hambourg. Cette intervention n'a pas été sans effets et les coopératives allemandes ont été en effet généralement exemptées de réquisitions.

Quant aux coopérateurs des pays neutres, ils ont pris pour règle de continuer leurs bons rapports avec chacun des deux camps et de fait de servir d'intermédiaires entre les coopérateurs des pays belligérants — comme a fait la Hollande pour la distribution du Bulletin de l'Alliance Coopérative — mais d'éviter tout acte qui pourrait être considéré comme une aide pour la guerre. C'est ainsi que l'Union Coopérative Suisse ayant acheté en 1915 des Bons allemands du Trésor, et cet acte lui ayant été reproché par les coopérateurs de la Suisse Romande et ceux de la France comme une dérogation au principe de neutralité, l'Union Suisse les revendit l'année suivante. Remarquez pourtant qu'il ne s'agissait pas d'une souscription à l'émission d'un emprunt de guerre, mais d'un achat de titres en Bourse, ce qui est tout différent : le scrupule est donc d'autant plus honorable.

Mais la principale préoccupation des coopérateurs a été surtout d'assurer le rétablissement de l'Alliance Coopérative Internationale, et je puis dire que la Fédération Coopérative française, et son secrétaire général Poisson, ont fait les plus grands efforts pour préparer la reprise de ses Congrès, ainsi qu'on pourra en juger par le rapide historique qui suit. Naturellement nous n'avons pu procéder que par étapes.

Le dernier Congrès avant la guerre ayant été celui

de Glascow en 1913, les suivants auraient dû avoir lieu en 1917 et 1919. Mais à la première de ces dates, on était en pleine guerre ; à la seconde, quoique les hostilités eussent pris fin, la paix n'était pas encore signée.

Déjà, en septembre 1916, la Fédération française avait convoqué à Paris une Conférence, mais seulement avec les alliés, on ne pouvait, tant qu'on était en guerre, inviter l'ennemi. A cette Conférence avaient pris part les délégués de l'Angleterre, de la Belgique, de l'Italie. A cette Conférence fut formulée une protestation énergique contre la politique de boycottage qui était à ce moment-là annoncée couramment en France, en Angleterre et en Belgique. On déclarait hautement que quand la guerre serait finie on n'aurait plus aucune espèce de relations économiques avec les nations de l'autre camp et qu'il fallait, comme disait le président du Touring-Club, entre l'Allemagne et nous, dresser un MUR (le mot était en lettres capitales et répété trois fois).

Eh bien ! les coopérateurs ont essayé de démontrer que cette muraille de Chine serait une absurdité et, au point de vue économique, une impossibilité.

C'est donc à tort et sur des renseignements inexacts, que le coopérateur allemand Lorenz, dans un article sur le rôle de l'Alliance Coopérative Internationale, et à propos de la campagne de boycottage des produits allemands, écrivait-il : « Malheureusement, les coopérateurs français ne se sont pas opposés à ces intentions, mais s'y sont ralliés jusqu'à un certain point ». Personnellement, nous avons écrit en 1917 pour la Ligue des Droits de l'Homme une grosse brochure contre cette politique qui fut tirée à un grand nombre d'exemplaires.

En février 1919 fut convoqué à Paris la 2ᵉ Conférence interalliée comprenant, en plus des trois pays susdits, des Tchèques, des Russes, un Grec et un Américain. C'est là que, chargé de présenter un rapport sur la politique commerciale après la guerre, j'exposai un programme qu'il n'y a pas lieu de reproduire ici, car je l'ai longuement développé dans un cours, ici-même, il y a deux ans. C'est un programme de politique commerciale internationale qui répudie non seulement le protectionnisme mais même le libre-échange, parce que le libre-échange, quoique très supérieur au protectionnisme au point de vue des coopérateurs, est tout de même un régime de concurrence et de lutte pour le profit. Ce programme demande un régime d'association économique entre les nations ; mais en entendant par là non pas simplement le régime des traités de commerce, qui ont du bon, sans doute, mais ne sont que des contrats simplement bilatéraux : il faut les remplacer par l'association, l'union, entre le plus grand nombre possible de pays, créer une véritable société des nations économique à côté de sa grande sœur, la Société des Nations politique.

Enfin, en juin de la même année 1919, fut convoquée à Paris une 3ᵉ Conférence, celle-ci comprenant non plus seulement les pays de l'Entente (Angleterre, Belgique, Etats-Unis, Canada, Roumanie, Russie, Tchécoslavaquie, Grèce), mais aussi les pays neutres (Suisse, Hollande, Finlande, Suède, Esthonie, Lithuanie). La séance de clôture coïncida avec la mémorable séance de Versailles où furent signés les préliminaires du Traité de Paix et à cette occasion solennelle j'exprimai l'espoir que l'œuvre de paix des coopérateurs, quoique moins éclatante que celle de la diplomatie, serait plus durable.

Mais ces conférences entre alliés ou avec les neutres, n'étaient pas encore le retour à l'Alliance Universelle. Et même l'Alliance Coopérative Internationale s'était refusée à y participer officiellement, parce qu'elle aurait ainsi semblé prendre parti. Elle avait simplement envoyé des délégués comme auditeurs aux conférences de 1916 et 1919.

Pourtant, la même année 1919, l'Alliance Coopérative

pensa que le moment était venu de convoquer, non encore un Congrès, mais une conférence préliminaire où tous seraient invités. La réunion eut lieu à Genève. Du côté ennemi, les Autrichiens et les Hongrois répondirent à l'invitation, mais non encore les Allemands. En répondant aux adresses des délégués des divers pays, j'exprimai mes regrets de leur absence.

Ce fût seulement en 1921, à Bâle, que, pour la première fois après la guerre, le Congrès de l'Alliance Coopérative Internationale se réunit au complet ; et ainsi s'est renouée, après huit ans d'interruption, la Coopération Internationale.

Il ne faut pas croire que ces efforts des coopérateurs pour maintenir ou préparer la réconciliation aient été tout simples. Ils paraissent tels aujourd'hui : ils ne paraissaient point tels durant la guerre. Ils provoquèrent de violentes critiques de la part de ceux qui représentaient à ce moment l'opinion publique. Dans un article de *l'Action Coopérative*, le journal de la Fédération Française, j'avais exprimé l'espoir que la Coopération, après s'être montrée nationale tant que la guerre avait duré, saurait redevenir internationale quand la guerre aurait pris fin et que dès que l'heure serait venue, l'Alliance Coopérative Internationale serait la première à renouer les fils brisés et à reprendre l'œuvre d'hier qui sera celle de demain, en fondant la coopération économique et politique des Etats-Unis d'Europe. Eh bien ! la censure supprima cet article.

D'autre part, quand fût convoquée notre Conférence de 1919, quoique pourtant à cette date la guerre avait pris fin, elle donna lieu à certaines appréciations dans le grand journal du parti libéral et bourgeois *Le Temps*, qui valent la peine d'être reproduites parce qu'elles expriment bien l'état d'esprit de cette époque. Cet article qui est du 10 septembre 1919 se trouve dans la chronique hebdomadaire intitulée : « Les opinions de province », portant la signature bien connue et très justement appréciée, L. L., qui est celle d'un pasteur protestant :

« Ils ont hâte d'en revenir aux embrassades d'avant guerre. Le désir les brûle du baiser allemand... La Conférence s'est empressée de décider la reconstitution de l'Alliance Coopérative Internationale, telle qu'elle existait avant la guerre, en y faisant rentrer les coopératives d'Autriche et d'Allemagne. Il ne semble pas qu'aucune condition quelconque ait été posée à leur réintégration dans l'Alliance, par même l'acte de fausse contrition que le Socialisme allié a exigé de l'Allemand... Non, la Conférence s'est totalement affranchie de ces vaines formalités et de tout respect humain... Et dans son discours de clôture, le président a exprimé les sentiments de l'assemblée, en déclarant « que ce n'était plus le moment de regarder en arrière, mais bien de regarder en avant et de pousser à la roue et que pour la reconstitution économique du monde, on ne pouvait se passer du concours de cent millions d'hommes de l'Europe Centrale ». Voilà qui est fort clair et quelques-uns diraient cynique. Mais pour eux, les affaires sont les affaires, il n'y a qu'à enjamber les cadavres pour aller de l'avant. Pourvu que passe la charrette chargée des denrées de la coopérative, qu'importe que ce soit par dessus les morts ? »

Et il finissait son article par ces mots :

« Disons-le tout court : c'est trahir la France ».

Vous voyez qu'il y avait quelque courage à soutenir cette politique là à un moment où l'opinion publique était montée à ce degré.

Ne croirait-on pas qu'il s'agissait de reprendre dans « notre charrette coopérative » un commerce lucratif entre les coopératives françaises et les coopératives allemandes ? Or, ce commerce n'a jamais existé et s'il se crée un jour, comme nous l'espérons, il se fera, comme toute opération dans nos sociétés, sans bénéfices.

Il est vrai que nous n'avons pas demandé aux coopérateurs allemands de faire leur *mea culpa*, parce qu'ils n'avaient pas à le faire, mais sans doute l'aurions-nous demandé aux Hohenzollern si c'eût été à eux que la question eût pu être posée (1).

____

(1) Cependant nous devons mentionner qu'en 1915 un Congrès des Coopératives de la région lyonnaise vota un ordre du jour demandant que les relations entre coopérateurs français et coopérateurs allemands ne fussent reprises qu'autant que ceux-ci accepteraient pour le règlement des conflits internationaux le recours au tribunal de La Haye.

Toutefois, il y eût plus tard, en 1923, une réunion du Comité exécutif de l'Alliance, une Conférence à La Haye, où les Belges et les Allemands se trouvèrent pour la première fois réunis, et là le délégué belge demanda que les délégués des coopérateurs allemands fissent — je ne dirai pas précisément un acte de contrition, comme on dit dans le langage ecclésiastique — mais tout au moins fissent une déclaration pour désavouer la violation de la neutralité de la Belgique. Mais à cette demande, un délégué allemand répondit : « Nous avons un proverbe allemand qui dit que chacun balaye le devant de sa porte et le village sera propre ».

C'était une parole bien inopportune ; car s'il est vrai en effet que chacun des pays belligérants eût à donner un petit coup de balai devant sa porte, ce n'était vraiment pas le cas de la Belgique : c'est chez elle que les Allemands avaient donné un coup de balai — et formidable !

Les coopérateurs allemands auraient pu sans s'humilier faire cette déclaration, qui d'ailleurs n'aurait fait que répéter celle de leur propre ministre, M. Bethmann-Hollweg. Mais les coopérateurs belges n'insistèrent pas et l'incident fut clos.

Au Congrès dont je parlais tout à l'heure, qui mit fin à cette situation en renouant les liens de l'Alliance Coopérative Internationale, au Congrès de Bâle de 1921, on avait chargé un des membres de faire un rapport sur les conditions de la paix.

Chargé de ce rapport, j'avais présenté des conclusions qui n'étaient guère moins pessimistes qu'au Congrès de Glascow, huit ans auparavant ; je disais qu'il fallait certainement tout faire pour établir des rapports économiques amicaux entre les différentes nations, qu'il fallait former entr'elles une véritable société coopérative internationale, au Congrès de Bâle de 1921, on principes que ceux qui existent entre les individus membres d'une même société coopérative, mais qu'il ne fallait tout de même pas se faire l'illusion de croire que la coopération à elle seule aurait la puissance de supprimer les guerres pour l'avenir. Car, à la différence des socialistes, je ne croyais point que la seule cause de la guerre fût le capitalisme, et que par conséquent il n'y eût qu'à supprimer le capitalisme et les profits pour supprimer la guerre. C'est là une solution beaucoup trop simpliste. Non, il n'est pas vrai que le capitalisme soit la seule cause, ni même la cause principale, des guerres. La preuve c'est que le régime qu'on appelle capitaliste, ne date que d'hier. Il a commencé au dix-septième siècle, tandis que la guerre est aussi ancienne que l'humanité ; si donc la guerre a précédé le capitalisme de quelques milliers d'années, elle pourra aussi bien lui survivre.

Il va sans dire que puisque nous donnons à la coopérative de consommation pour objet l'abolition du profit, nous devons nous proposer le même objet dans le commerce international, et cette élimination serait certainement de nature à supprimer ou à atténuer les conflits entre nations comme entre individus.

Mais ce ne sont pas tant les intérêts que les passions qui mènent le monde et on pourrait même dire que le cas où l'on puisse trouver une noblesse à la guerre, si on veut lui en trouver une, c'est quand elle est faite sans intérêt. Sans doute, toutes les usines qui fabriquent des canons ou des cuirassés, ont intérêt à faire battre les peuples, mais les peuples, eux, ne se battent pas pour de l'argent.

Et c'est pourquoi nous croyons que dans son livre célèbre et si prophétique, *La Grande Illusion*, où Norman Angell démontre que le vainqueur lui-même n'a rien à gagner à la guerre, l'auteur se fait lui-même une grande illusion en pensant que cette démonstration, du jour où elle serait comprise de tous, aurait pour résultat de supprimer les guerres.

Il ne faut donc pas nous faire illusion sur la puissance d'organisation coopérative pour empêcher les guerres dans l'avenir, pas plus qu'elle n'a pu empêcher la grande guerre de 1914.

Je dois dire que ces conclusions ne furent pas très goûtées par la majorité des membres du Congrès. Elle estima que je n'attribuais pas une puissance suffisante au facteur économique en général, et au mouvement coopératif en particulier. Les Allemands surtout, imbus de la doctrine marxiste du déterminisme économique, ne voyaient que de l'idéologie dans la thèse exposée, et pourtant elle ne faisait que transposer la maxime de Stuart Mill : « une seule conviction est plus forte que cent intérêts ». Une Commission fut donc nommée pour amender mes conclusions, et finalement on se mit d'accord sur le texte que voici :

« Le Congrès exprime la conviction que, malgré la cruelle déception subie, la transformation progressive de la vie des peuples dans le sens du programme coopératif aura pour résultat d'éliminer peu à peu les causes essentielles des guerres.

Pour atteindre ce but, les coopérateurs de tous les pays ont le devoir de travailler sans cesse, non seulement au développement économique de leurs associations, mais aussi de mettre en action à toute occasion propice les facteurs moraux du coopératisme contre tout conflit entre les peuples, comme aussi contre toute oppression politique ou économique de n'importe quel peuple.

Et au cas où la folie des hommes déchaîneraient une nouvelle guerre, l'A. C. I. sans contester le droit et le devoir de tout pays de défendre son indépendance, estime nécessaire que les coopérateurs de tous les pays, même de ceux qui se croient victimes d'une injuste agression, sans crainte de braver les préjugés patriotiques et les censures officielles, s'unissent dans une action unanime pour imposer aux belligérants la cessation du conflit par l'arbitrage ».

Il est à noter que la Confédération Générale du Travail a eu à peu près la même attitude que la Fédération Nationale des Coopératives. Elle s'est montrée d'abord un peu plus nationaliste, par la déclaration patriotique de son secrétaire Jouhaux, lors de l'enterrement de Jaurès, dans les premières journées de la guerre, promettant au gouvernement le concours de la classe ouvrière. Et même la C. G. T. protesta contre le fait que le siège de l'Internationale Syndicaliste se trouvait à Berlin ; elle demanda qu'il fût porté dans un pays neutre, ce qui d'ailleurs fut refusé.

Mais plus tard on vit des membres de la C. G. T. syndicalistes notoires, Merrheim et Bourderon, aller en 1916, en Suisse, à Kienthal et à Zimmerwald, pour s'entendre avec les délégués allemands, ce qui fit à ce moment-là un grand scandale. La C. G. T. avait réprouvé cette démarche, mais l'année suivante, en 1917, elle décidait de se rendre à un Congrès International, à Stockholm pour se trouver avec les Allemands. Le gouvernement refusa de délivrer des passeports, ce qui fit encore grand bruit. Il faut dire que si le gouvernement refusa les passeports aux syndiqués, ce fut moins par peur de confraternisation avec les délégués allemands que par peur de contamination par les Bolchevistes ; c'était, en effet, à la veille du Coup d'Etat bolcheviste et Lénine était à Stockholm.

Mais aussitôt la paix faite, les syndicats ne furent pas moins empressés que les coopératives à reprendre les relations internationales.

CHAPITRE II

COMMENT LES COOPÉRATIVES FRANÇAISES ONT TRAVERSÉ LA GUERRE

§ 1. — La crise des Coopératives au début de la guerre

Au mois d'août 1914, alors que les Français lisaient avec une angoisse chaque jour accrue les communiqués qui annonçaient, ou qui plus souvent encore dissimulaient, un nouveau recul de nos armées, jusqu'au jour où ils apprirent que l'armée allemande était aux portes de Paris, la Fédération des Coopératives de consommation, de son côté, suivait avec une émotion toute spéciale la marche de l'invasion parce que les régions occupées étaient précisément celles où le mouvement coopératif en France était le plus vivant. Chaque jour, nous comptions, par le nombre de kilomètres perdus, le nombre des coopératives occupées par l'ennemi ; d'abord 100, puis 200, puis 300; à la veille de la bataille de la Marne, près de 900 coopératives étaient au pouvoir de l'ennemi. La victoire de la Marne fit regagner à la France une partie de son terrain et à la Fédération Nationale une partie de ses coopératives, mais finalement, quand les fronts furent stabilisés, au commencement de septembre, il y avait encore 640 coopératives de consommation qui étaient dans les régions occupées par les Allemands. La perte était beaucoup plus grave encore que ne l'indique ce chiffre. Pendant ces quatre années où le front a été stabilisé, l'étendue du territoire occupé n'a pas dépassé 4 % environ de la superficie totale de la France, mais ces 4 % de notre territoire représentaient une proportion infiniment plus considérable de toutes les forces vives de la France, de ses mines, de ses industries, de ses tissages, de sa production sucrière, de toute la vie économique. Il en a été de même et pire pour le mouvement coopératif. Ces 4 % du territoire français occupés par l'ennemi contenaient le cinquième; 20 % environ, de toutes nos sociétés, 640 sur 3.000 ; et ces sociétés étaient les plus importantes, car si nous prenons le nombre des membres et non plus le nombre des sociétés, nous voyons que, sur 800.000 coopérateurs qu'il y avait en France en 1914, 240.000, c'est-à-dire beaucoup plus du quart, 28 %, se trouvaient séparés par la nouvelle frontière. Il en était de même pour le chiffre des ventes: c'était plus du quart des ventes coopératives qui se trouvèrent retranchées de la coopération française pendant les quatre ans et demi que dura la guerre.

D'autre part, même à l'intérieur, la situation des coopératives était devenue des plus critiques. La désorganisation totale du pays, qui se manifesta pendant les premiers jours de la guerre, frappa également les sociétés coopératives. Les administrateurs étaient tous ou presque tous mobilisés. Les magasins se trouvèrent en face d'un double danger.

D'une part, l'affolement des consommateurs qui, tout de suite après la déclaration de guerre, pensèrent que Paris allait être investi, que l'on allait mourir de faim et qu'il fallait faire des provisions. Cette maladie singulière, à laquelle les foules sont sujettes, est si fréquente qu'elle a reçu un nom spécial : on l'appelle « l'approvisionite ». Quand on apprit que les armées allemandes s'avançaient sur Paris, tout le monde se précipita dans les magasins, à tel point qu'il fallut établir un service d'ordre devant les épiceries, les charcuteries, et toutes denrées qui peuvent se conserver.

Il n'y avait pas seulement cette foule des acheteurs qui voulaient s'approvisionner ; il y avait aussi, pour les coopératives, la foule des déposants qui voulaient retirer leur argent, de façon que les coopératives étaient à la fois menacées de voir à la fois vider leurs stocks et vider leurs caisses.

Au second de ces dangers il fut paré par une décision du gouvernement qui établit ce qu'on appelle un moratorium, c'est-à-dire qui permit à toutes les banques de ne pas rembourser les dépôts. C'est une disposition qui fût très critiquée par les économistes et financiers, parce que, si elle sauva les banques, elle tua le crédit. On dit que cette mesure était prise principalement pour sauver un grand établissement financier français, la Société Générale. Naturellement, les coopératives en profitèrent, moins même. S'il n'y avait pas eu le moratorium, je crois qu'elles auraient tout de même tenu le coup, en faisant appel aux sentiments de solidarité de leurs membres.

A cette crise de la ruée pour les achats en succéda bientôt une autre inverse, la diminution et parfois quasi cessation de tout achat. Cela s'explique assez. Les sociétaires étaient partis pour la guerre, et les femmes qui restaient ne touchaient pas encore à ce moment-là les allocations ; il n'y avait donc plus d'argent à la maison pour acheter. Les magasins qui avaient été vidés par le coup de feu des premiers jours, n'auront pas besoin de beaucoup renouveler leurs stocks. Mais de telles alternatives sont tout à fait désastreuses pour les sociétés.

La Fédération Nationale elle-même, l'âme du gouvernement coopératif français, passait de tristes jours. Je me rappelle les lugubres après-midi passées au siège social, qui était à ce moment-là rue de l'Entrepôt, près de la place de la République. Les administrateurs avaient été mobilisés. Les sociétés occupées par l'ennemi étaient celles qui fournissaient la plus grande partie des ressources de la Fédération, et même les sociétés de l'intérieur ne pouvaient plus payer leurs cotisations, pour les raisons que je viens d'expliquer.

Et alors que la Fédération voyait tarir ses revenus, il lui fallait venir au secours des familles de ceux de ses administrateurs qui étaient mobilisés. En outre, cette catastrophe frappait la Fédération Nationale au moment le plus critique, au moment où elle venait de faire peau neuve, si je puis ainsi m'exprimer. Après quinze années d'une guerre intestine, la Coopération socialiste et la Coopération dite neutre, s'étaient enfin entendues et avaient constitué, en 1912, au Congrès de Tours, ce que nous appelons le Pacte d'Unité, c'est-à-dire que tout le mouvement coopératif français avait été unifié (1). Le siège social avait été changé, les administrateurs avaient été renouvelés ; les deux Magasins de Gros, celui des Coopératives socialistes et celui des Coopératives de l'Ecole de Nîmes, avaient été fusionnés en un seul, à la date du 1er juin 1913.

Le Magasin de Gros des coopératives socialistes avait été créé en 1905 grâce à l'appui des coopératives parisiennes de même couleur, surtout de *la Bellevilloise* et

____

(1). Pour l'histoire de cette scission, des polémiques engagées entre la coopération dite bourgeoise et celle dite prolétarienne, et des négociations qui aboutirent à l'acceptation de la déclaration de 1912, voir notre livre *l'Ecole de Nîmes*, notamment les pp. 47-69.

de *l'Egalitaire* : Il était arrivé à un chiffre d'affaires assez respectable, un peu plus de 10 millions de francs.

La Coopérative de Gros des coopératives neutres ne s'était constituée qu'en 1900, après plusieurs insuccès et essais préliminaires, sous forme d'un Office d'achat. N'ayant que la clientèle de petites coopératives de province, elle n'était arrivée au moment de la fusion qu'à un chiffre de vente minime, d'un peu plus de 2 millions. Mais elle était bien administrée, tandis que le Magasin de Gros socialiste l'était assez mal, subissant de grosses pertes, sans capitaux et sans crédit, et ne trouvant guère à faire escompter ses traites. En sorte que la fusion qui semblait, à première vue, devoir être à l'avantage de la Coopérative de Gros neutre, se fit en réalité à l'avantage du Magasin de Gros socialiste, et peut-être le sauva de la faillite. Au reste, ce fut l'administrateur de la Coopérative de Gros dite neutre, Marty, qui fut nommé administrateur du nouveau Magasin unifié et qui l'a administré avec succès jusqu'après la guerre, en 1920. Il organisa le service de banque qui a été détaché après la guerre pour devenir autonome sous le nom de la Banque Coopérative Ouvrière.

Mais quoique le chiffre des ventes se trouvât par cette fusion relevé à près de 14 millions, quoique les mesures prises immédiatement eussent amélioré la situation et relevé un peu le crédit du nouveau Magasin, la situation financière n'en était guère moins grave et presque désespérée. Aussi se décida-t-on à demander l'aide de la grande sœur anglaise, la Wholesale de Manchester, et une délégation spéciale fut envoyée à cet effet, à Manchester. Les négociations fu.ent difficiles, un prêt à une organisation étrangère ne rentrant pas dans les opérations prévues par les statuts. Cependant, grâce à une combinaison financière suggérée par un des membres actifs de l'Ecole de Nîmes, Bernard Lavergne (aujourd'hui professeur à la Faculté de Droit de Lille) et acceptée par la Wholesale, celle-ci escompta pour 600.000 francs de traites du Magasin de Gros français.

Grâce à ce prêt, le péril était conjuré momentanément. Mais quand et comment pourrait-on rembourser ?

A ce moment, ceux qui, depuis une trentaine d'années, s'étaient attachés à propager le mouvement coopératif en France, à travers beaucoup de déboires, crurent que la partie était décidément perdue, que tout serait à recommencer et qu'ils allaient être comme l'araignée qui, après un formidable coup de balai, doit refaire sa toile.

Mais les événements tournèrent mieux qu'on ne pouvait l'espérer, et bientôt après la crise que je viens de résumer, le mouvement coopératif reprit sa marche.

La question angoissante du remboursement de l'emprunt à la Wholesale se trouva sinon réglée, du moins indéfiniment ajournée par le moratorium qui, dans la plupart des Etats belligérants, abolit les dettes en fait, sinon en droit. En sorte qu'il n'est pas paradoxal de prétendre que la guerre, qui semblait devoir consommer la ruine financière du Magasin de Gros française, l'a sauvé.

Puis, les administrateurs qui avaient été mobilisés furent presque tous rendus à leurs sociétés, à commencer par les deux secrétaires de la Fédération Nationale, Poisson et Daudé-Bancel. Le gouvernement considéra que leur présence, dans une période aussi critique, était indispensable et que de même qu'on démobilisait les ouvriers et les techniciens pour les faire revenir dans les usines, de même on devait démobiliser tout de même les administrateurs d'une organisation ayant pour objet l'alimentation de la population. On peut même dire que ce fut pour la première fois que le mouvement coopératif reçut une sorte de consécration officielle. Elle se trouvait élevée par là au rang « d'établissement d'utilité publique ».

§ 2. — Les mesures prises par les Coopératives contre la panique

Cette bonne opinion fut justifiée, car tout de suite, la Fédération se mit à l'œuvre.

Elle commença pa* adresser un appel aux sociétaires, pour éviter la panique.

L'Angleterre avait donné l'exemple. Les femmes coopératrices anglaises notamment, qui ont formé une « Ligue des femmes coopératrices », alors qu'en France on n'y a jamais réussi, avaient adressé à leurs membres cet appel éloquent :

« 1° N'achetez pas au magasin plus de provisions que vous n'en consommez d'habitude, et pas pour plus d'une semaine. Il y a assez de subsistances dans le pays pour tout le monde, si vous laissez à chacun une chance égale.

« 2° Ne retirez pas de vos dépôts dans la caisse de vos sociétés un sou de plus qu'il n'est nécessaire pour vos véritables besoins. Et mieux encore, si vous avez de l'argent disponible, allez le lui porter tout de suite. Ainsi, en face de ce grand événement national, vous vous élèverez à la hauteur des circonstances, et sans panique, dans le calme, vous saurez vous conduire comme des hommes. »

La Fédération française adressa aussi un appel, conçu en termes moins précis et moins pressants, mais qui cependant donnait de très bons conseils, et dont je lis seulement quelques lignes :

« Nous recommandons aux coopératives, qui doivent acheter au comptant, de vendre elles-mêmes au comptant. »

Je prie de remarquer combien ce conseil était courageux et devait être impopulaire. Car il y a toujours un assez grand nombre de coopératives qui, quoiqu'on les désapprouve généralement, vendent à crédit, pour soutenir la concurrence des marchands. Et précisément, on aurait pu penser que dans une période de crise terrible comme celle de l'automne 1916, ce n'était pas le moment de rompre avec cette tolérance et que les coopératives devaient se montrer larges à l'égard de ceux de leurs membres privés de ressources ! Eh bien, non, l'essentiel c'était de sauver les coopératives et non de les sacrifier aux intérêts individuels.

Lisons encore :

« Elles s'attacheront surtout à se procurer des aliments de première nécessité, farineux, céréales, lait, produits, sucrés, etc.

« Pendant la guerre, les coopérateurs donneront à la population l'exemple de l'action coordonnée, de la discipline volontairement consentie et d'une sollicitude éclairée et agissante en faveur de leurs concitoyens et surtout des plus pauvres.

« Ils conseilleront dans leur entourage immédiat, en prévision d'une guerre longue et pénible, de conserver et de faire sécher le plus de légumes et de fruits qu'on le pourra. »

On prit aussi certaines mesures impératives, notamment on supprima la vente au public. Un très grand nombre de coopératives, comme dans tous les pays, vendaient au public. Comme à ce moment-là, on était menacé d'une disette, ou tout au moins d'une raréfaction des produits, il était naturel que les coopératives restreignissent leurs ventes à leurs sociétaires. Cela ne se fit pas partout, mais cela se fit dans un certain nombre de sociétés, et cette décision ne fut pas sans provoquer quelques troubles. Ainsi, lorsqu'une des plus grandes coopératives de Paris, *la Bellevilloise*, que dans le quartier on appelle familièrement « la Belle », décida que la vente au public serait momentanément supprimée, il y eut une émeute; une troupe d'énergumènes arriva, menaçant le magasin de pillage. On dût fermer les devantures et ne faire entrer les sociétaires que dix par dix ; il fallut même organiser un service permanent de surveillance qui passa la nuit dans les magasins de vente.

Non seulement, on prit généralement la décision d'interdire la vente au public, mais même or. décida, dans un grand nombre de sociétés, que chaque sociétaire ne pourrait acheter plus que la moyenne de ses achats pendant la même période avant la guerre.

Je fais remarquer ici qu'une telle mesure de prévoyance serait irréalisable avec le commerce ordinaire ; car on ne pourrait empêcher un client, s'il était rationné chez un épicier, d'aller chez l'épicier voisin. Pour les coopératives, au contraire, la mesure était efficace, car les sociétaires étaient munis de livrets où étaient inscrits leurs achats ; il était donc très facile de retrouver la moyenne des achats de l'année précédente et de régler ceux de l'année présente. Quand plus tard la loi imposa au public l'achat par cartes nominatives, il ne fit pas autre chose.

Les sociétés coopératives de consommation eurent aussi à ce moment-là à faire un geste qui mérite d'être rappelé, non seulement au point de vue coopératif, mais au point de vue international, parce qu'il montre le véritable rôle des coopératives dans les grandes crises. Il y avait à Paris, et il y a encore, une grande maison d'approvisionnement de lait et produits de laiterie, la société Maggi, dont les magasins se reconnaissaient à la couleur blanc et bleu dont ils étaient peints. Dès le lendemain de la déclaration de guerre ces magasins furent assaillis par des bandes qui cassaient les carreaux et pillaient les marchandises, prenant pour excuse que les établissements Maggi appartenaient à une société allemande, quoique le nom de cette firme n'eût pas une désinence allemande. Il y a tout lieu de soupçonner que ce n'était pas seulement le chauvinisme qui poussait ces pillards, mais qu'ils étaient excités par les concurrents de la maison Maggi, lesquels n'étaient pas fâchés de voir saccager les magasins d'une entreprise qui leur faisait une redoutable concurrence. Le même fait s'est répété en Italie en 1920 quand les bandes fascistes ont saccagé les magasins des sociétés coopératives dites socialistes.

Le gouvernement s'émut, car si le mouvement s'était généralisé il aurait pu devenir le signal de troubles particulièrement graves, mais il aurait eu de la peine à calmer les esprits si les coopératives de Paris n'étaient pas intervenues. Elles prirent sous leur patronage toutes les boutiques Maggi et mirent sur ses magasins la firme de l'Union des Coopératives de Paris (1). Cela réussit. Les coopératives se chargèrent, par un contrat avec cette grande entreprise, de vendre ses produits. Cette espèce de mariage a été si heureux qu'il dure encore. Quoique depuis longtemps la Société Maggi ait repris ses magasins, à titre de tribut de reconnaissance et en souvenir de l'aide qui lui a été donnée dans des jours critiques, elle donne à l'Union des Coopérateurs de Paris un quart de centime par litre de lait vendu.

Du reste, la société Maggi fit établir en justice qu'elle n'était pas une société allemande. Ses magasins avaient été mis sous séquestre dans plusieurs villes de province, mais elle obtint des ordonnances de main-levée. Voici notamment celle du Président du Tribunal, du 24 novembre 1914 :

« Attendu qu'il résulte de l'examen des pièces que les membres qui composent le Conseil d'administration de la Société Laitière Maggi, dont le siège social est à Paris, sont de notoriété publique des Français ou des Suisses d'origine ;

« Par ces motifs, ordonne la main-levée. »

Et la Ville de Paris fut condamnée à payer des indemnités assez élevées pour les dommages qui avaient été causés à ces magasins.

---

(1) Ce fut même à cette occasion que diverses coopératives de la région parisienne se groupèrent en une *Union des Coopératives*, qui plus tard, en 1913, se transforma en une Société unique sous le nom de *l'Union des Coopérateurs*.

§ 3. — Les mesures prises par les Coopératives pour le ravitaillement

Voilà donc un beau début pour la Fédération des Coopératives. Elle continua sa tâche. La situation s'améliorait, non pas seulement pour la Fédération Centrale qui, comme je viens de le dire, avait recouvré ses administrateurs et une partie de ses recettes, mais aussi pour les sociétés locales.

Les sociétés locales voyaient revenir à elles les clients et même elles voyaient augmenter le nombre des sociétaires, et surtout le chiffre des achats.

Cela s'explique facilement. D'abord, les ouvriers avaient peu à peu été rappelés du front dans les usines. Ces ouvriers touchaient des salaires beaucoup plus élevés qu'avant la guerre et à une époque où l'argent n'était pas encore déprécié ; ils n'étaient donc pas en peine de faire leurs achats. Quant aux familles dont le mari ou le père était aux armées, elles touchaient des allocations familiales qui étaient assez élevées à une époque où le coût de la vie n'avait pas encore beaucoup augmenté. Non seulement ces familles touchaient des allocations, mais les femmes s'étaient mises à travailler dans les usines, attirées par les salaires qui, pour des femmes, étaient jusqu'alors inouïs.

Dans ces conditions, les coopératives retrouvèrent très facilement leur clientèle et leur prospérité.

La situation des familles ouvrières était d'autant plus aisée que les prix n'avaient pas encore beaucoup augmenté. La hausse des prix, sans doute se dessina assez rapidement, mais elle ne prit de grandes proportions qu'après la guerre : nous aurons à revenir sur ce point.

Il semblait donc que le moment critique de la coopération était passé et qu'elle allait reprendre désormais son essor. Il y avait d'ailleurs un autre signe favorable pour le mouvement coopératif. C'est que le gouvernement lui devenait de plus en plus favorable. Un des disciples de Jaurès, M. Albert Thomas, avait été appelé d'abord à la direction du Ravitaillement, puis était devenu Ministre de l'Armement, c'est-à-dire avait été investi de la charge la plus considérable du moment. Or, M. Albert Thomas était très favorable au mouvement coopératif et même était déjà un coopérateur militant. J'ai déjà rappelé que l'hôtel-palace où s'installa le Ministère de l'Armement, l'hôtel Claridge, devint une espèce de succursale de la Fédération Nationale des Coopératives tant il y avait là d'administrateurs de coopératives ou de jeunes sociologues sympathisant avec le mouvement coopératif. Citons seulement parmi les directeurs des services du Ministère de l'Armement ou d'autres ministères connus : M. Simiand, aujourd'hui professeur d'économie politique au Conservatoire des Arts et Métiers ; M. Picard, aujourd'hui professeur à la Faculté de droit de Lille ; M. Nogaro, aujourd'hui professeur à la faculté de droit de Lyon et député; M. Oualid, aujourd'hui professeur d'Economie politique à la Faculté de droit de Paris. Et, en dehors de ces économistes, beaucoup de militants de la coopération : M. Clouet, aujourd'hui directeur du Magasin de Gros, le socialiste Morizet, aujourd'hui maire d'une grande ville de la banlieue de Paris ; Alfred Nast, qui a été et qui est encore attaché au Ministère de l'Agriculture et qui fut directeur des Coopératives agricoles de Crédit. Il y avait là tout un monde coopératif, avec lequel la Fédération Nationale entretenait des relations cordiales. Et tous allaient faire campagne ensemble pour assurer le ravitaillement de l'approvisionnement du pays. Dans une lettre adressée à la Fédération Coopérative (28 avril 1916) M. Albert Thomas disait : « Je le dis sans aucune exagération et sans aucun esprit de flatterie, les meilleurs de nos collaborateurs ont été formés à l'école coopérative ».

Une application intéressante de cette collaboration fut celle pour la mise en vente de la viande frigorifiée.

C'est toute une histoire que cette expérience qui mériterait une leçon spéciale.

Vous n'ignorez pas qu'en Angleterre on fait un très grand usage de la viande de moutons d'Australie ou de bœufs de la République Argentine, sous forme de viande congelée ou frigorifiée.

En France, jusqu'à la guerre, on ne connaissait presque pas cette consommation. Il y avait à cela une forte, sinon bonne raison. C'est que les propriétaires et les éleveurs français avaient fait mettre des droits prohibitifs sur ces viandes pour empêcher la concurrence, sous prétexte que les viandes congelées ou frigorifiées étaient de mauvaise qualité, dont le public français ne s'accomoderait pas. En réalité, puisque les Anglais, qui sont de grands connaisseurs en matière de rosbif, s'en accommodaient fort bien, il était à croire que les Français pouvaient faire de même.

Les coopératives s'offrirent alors et dirent au Gouvernement : « Aidez-nous. Nous n'avons pas les moyens d'ouvrir des boucheries de viande frigorifiée ou congelée dans tout Paris ; mais que la Ville et l'État nous donnent des locaux et nous nous chargeons de faire l'éducation du public ; nous lui ferons prendre goût à la viande frigorifiée ».

Le Gouvernement et la Ville de Paris se prêtèrent à cette proposition et on ouvrit dans divers quartiers de Paris des boucheries qui bientôt furent au nombre de 64, dans lesquelles on vendit de la viande frigorifiée.

Mais il y avait de grands obstacles à surmonter. La consommation de la viande frigorifiée exige certaines conditions qui n'étaient pas du tout remplies. Il faut d'abord des navires, une flotte, aménagée spécialement pour le transport de la viande. Il y en avait en Angleterre, mais point en France. On fut donc obligé de dire à l'Angleterre : fournissez-nous de la viande frigorifiée que vous faites venir de vos colonies. C'était une complication de plus. En outre, le public français ne se montra pas empressé à cette consommation. La frigo, comme on l'a appelée familièrement dans la langue populaire, ne fut pas bien accueilli. C'est que la viande frigorifiée ne peut pas se consommer tout à fait comme la viande ordinaire ; il faut qu'elle soit soumise à un travail de décongélation et à des apprêts culinaires très simples quand on les connaît, mais qu'il faut cependant apprendre.

Il fallut que les coopératives de consommation fissent de véritables cours dans chaque boucherie, pour apprendre aux ménagères à cuire la viande frigorifiée.

Il faut dire aussi que, tandis que les coopératives essayaient de faire l'éducation des consommateurs, les bouchers cherchaient à faire cette éducation en sens inverse, en leur disant que cette viande ne valait rien et qu'il ne fallait pas croire les contes des coopératives.

La consommation de la viande frigorifiée fut ainsi retardée et ne prit pas un développement très rapide. Cependant, elle se propagea quelque peu. En 1914, on ne consommait que 177.000 quintaux de cette viande ; en 1915, la consommation s'éleva à 1.822.000 quintaux ; elle avait donc plus que décuplé. En 1919, elle atteignait le chiffre de 2.600.000 quintaux. Ce fut le maximum ; mais il est vrai que depuis cette époque, la consommation a diminué et est presque nulle aujourd'hui. Pourquoi ? Est-ce que le public s'en est finalement dégoûté ? Non, mais simplement parce qu'à partir de 1920 le franc a baissé dans des proportions considérables sur le marché des changes, de sorte que la viande frigorifiée, qui vient des colonies anglaises ou de la République Argentine et qu'il faut payer par conséquent en livres sterling, coûtait plus cher que la viande ordinaire, produite en France.

Mais cela ne veut pas dire que l'expérience ait échoué; dès que le franc sera stabilisé, je ne doute pas que la consommation de la viande frigorifiée ne reprenne son essor et même qu'elle ne devienne un des gros produits d'importation de nos colonies, de Madagascar notamment qui à el' eule pourrait fournir tous les bœufs frigorifiés nécessaires à la consommation française.

Pour d'autres approvisionnements aussi, l'action des coopératives s'est exercée utilement pendant la guerre. Pour le charbon, par exemple, les coopératives ont prêté leur concours à l'Etat pour en assurer la distribution aux meilleures conditions.

Dans les pays ennemis les coopératives ont pu rendre encore plus de services qu'en France par cette raison que l'Allemagne et l'Autriche ont eu beaucoup plus à souffrir de la pénurie des denrées que la France.

J'ai plusieurs fois déjà cité ce témoignage du professeur Stein adressé au Congrès des Coopératives allemandes tenu à Francfort en 1915, donc au fort de la guerre : « Où en serions-nous dans cette forteresse assiégée qu'est l'Allemagne aujourd'hui si nous n'avions pas les coopératives ? »

L'Allemagne était enserrée par le blocus des Alliés et l'Angleterre voyait ses voies de communication et de ravitaillement coupées par les sous-marins allemands. Ces deux nations souffraient donc d'une pénurie cruelle des denrées. On vit, chez l'une comme chez l'autre, ces queues à la porte des boutiques, qui ont été un des spectacles caractéristiques de la guerre. Voici la description d'une de ces queues, dans une ville d'Allemagne :

« Dès le matin, avant le jour, en sortant du théâtre ou du cinéma, les femmes allaient s'accroupir à la porte des magasins, sur les marches des escaliers voisins, et là attendaient, quelques-unes apportant une chaise, quelques autres apportant même une paillasse, d'autres tenant leurs enfants parce qu'elles ne pouvaient les laisser à la maison, et passant là toute la nuit, en une queue de cinq à huit personnes de front, composée de femmes et d'un petit nombre d'hommes, où l'on échangeait les nouvelles, où l'on se demandait quel était le magasin dans lequel on avait le plus de chances de trouver du beurre ou du jambon. »

« Et puis, au lever du jour, le magasin s'ouvrait, on
se précipitait, il y avait des ruées ; mais on ne donnait
qu'une très petite portion à chacun ; heureux ceux qui
s'en allaient avec une demi-livre, ou quand on avait
beaucoup de chance, avec une livre de viande ou de
beurre ! Et encore, n'y avait-il que la moitié de ceux
qui étaient à la queue qui eussent cette chance ; les
autres s'en retournaient, obligés d'ajourner leur espoir
au lendemain. »

De tous les pays belligérants la France est celui qui
a le moins souffert de la disette : malgré une certaine
raréfaction des produits, comme le blé, le sucre, l'essence, le pétrole, et quelques autres qui ont nécessité
un rationnement, d'une façon générale la population
française n'a pas souffert de la disette. On a toujours
pu, en France, se procurer ce qui était nécessaire aux
véritables besoins, les riches sans aucune espèce de
difficulté — et même les pauvres, car à vrai dire il n'y
a plus eu de pauvres pendant la guerre.

§ 4. — Paris durant la Guerre.

Néanmoins je ne voudrais pas présenter de la France
et de Paris un tableau aussi mensonger que celui qui
était étalé dans les journaux, pour faire illusion aux
ennemis et aux neutres. Il était de règle de montrer
Paris comme menant l'existence la plus normale, et
la censure n'aurait pas permis de dire le contraire.

Il est vrai qu'on n'a pas vu les queues aux portes
des magasins, mais on les a vues aux portes des gares
des chemins de fer, notamment au mois d'août 1914 et
plus tard, au mois de mai 1918, à ces deux dates où
l'armée allemande était en marche sur Paris et bien
près. Nous avons vu à la gare de Lyon, à celle d'Or-
léans et à celle de Montparnasse, des milliers de personnes faire queue dès la veille au soir pour prendre

le train du lendemain et des femmes tomber épuisées de fatigue.

Quand le bombardement, d'abord par avions, plus tard, au printemps 1918, par le gros canon eût commencé, les nerfs de la population furent tendus à l'extrême limite et je doute même que cette tension eût pu être supportée plus longtemps.

Cependant on ne trouvait dans la presse que des tableaux comme celui-ci, d'un publiciste bien connu, M. Georges Ohnet :

« Le long des rues, sur les boulevards, dans les magasins, allant à la promenade ou se rendant à leur ouvrage, les femmes de Paris dédaignent l'obus imbécile qui, venu du fond de l'horizon, court et arrive râlant de son long effort. Les enfants guettent l'éclatement pour se saisir de cette grossière camelote allemande. »

C'est là du roman et du plus mauvais goût. Ceux qui ont passé ces quatre années à Paris ont vu un tout autre spectacle. Ceux qui ont connu Paris le soir avec toutes les lumières éteintes ou voilées sous des verres bleus, comme celles du métro ; ceux qui ont connu les nuits où sonnait dans les rues le signal d'alarme, où toutes les familles se hâtaient de réveiller et rassembler leurs enfants, pour descendre dans les caves où quelques installations, sièges ou lits, avaient été aménagées, et où tous les co-locataires de la maison faisaient connaissance ; ceux qui, comme moi, à cette époque, ont fait leur cours à la Faculté de Droit, devant quatre ou cinq élèves, généralement étrangers, alors que ce cours était ponctué exactement tous les quarts d'heure par le canon, dont la ligne de tir passait par le centre de Paris et la Sorbonne, et dont plusieurs obus sont tombés en plein quartier Latin — ceux-là ne sont pas disposés à peindre la vie parisienne pendant le siège sous des couleurs aussi ridicules que celles dont je viens de vous donner un échantillon.

L'histoire de Paris pendant le siège reste à écrire, et ce sera une histoire dramatique (1).

Mais ce n'est pas cette histoire que nous avons à raconter : nous n'avons à parler que des coopératives, eh bien, celles-ci ont mené une vie à peu près normale durant ces jours tragiques.

L'ex-président de l'Alliance Coopérative Internationale, M. Gœdhart, disait avant la guerre : « il est clair qu'une guerre ferait le plus grand mal au mouvement coopératif ». Il y avait en effet toute raison de le penser. Pourtant tel n'a pas été le cas. On peut dire que, pendant cette guerre, les coopératives de consommation, non seulement en France, mais dans tous les pays, ont passé par « l'épreuve du feu » et qu'elles en sont sorties victorieuses.

Mais nous sommes restés jusqu'à présent dans les généralités, voyons maintenant quels sont les services que les Coopératives ont rendus au pays pour la lutte contre la cherté, pour l'approvisionnement des armées, pour la reconstitution des régions dévastées.

CHAPITRE III

DE LA HAUSSE DES PRIX DURANT LA GUERRE

Sur cent personnes qui adhèrent à une coopérative il y en a 90 qui le font uniquement dans l'espérance qu'elles y trouveront des prix moindres que chez les marchands. C'est pourquoi quand vient une crise de cherté, les coopératives voient augmenter le nombre de leurs adhérents : il en fut ainsi durant la guerre. Le nombre des membres des coopératives de consommation qui était évalué à 880.000 en 1914, s'était élevé à 2.500.000 en 1920, augmentation donc de 1.600.000,

---

(1) Elle a été faite cependant, mais avec des couleurs très atténuées, par M. Marcel Poëte dans la monographie sur *Paris durant la guerre*, de la Bibliothèque Carnegie.

soit de 184 % ; c'est-à-dire que leur nombre avait presque triplé alors que la population de la France avait diminué malgré l'annexion de l'Alsace.

Nous devons donc étudier avec quelque attention un fait économique qui a exercé une si grande influence sur le mouvement coopératif (1).

La cherté ne s'est pas manifestée tout de suite. Pendant le premier mois de la guerre, pendant le mois d'août, il y eu au contraire une baisse des prix, baisse très faible, il est vrai : 5 à 6%.

On peut se demander pourquoi cette baisse ? Il semble que c'est le contraire qui aurait dû se produire, étant donné l'affolement des consommateurs, dont nous avons déjà parlé, qui les faisait se ruer vers les magasins pour tout emporter et thésauriser des provisions. Il semble que les marchands auraient dû en profiter, comme ils l'ont fait plus tard d'ailleurs, en majorant tout de suite les prix. Pourquoi ne lont-ils pas fait ?

Ils ne l'ont pas fait parce qu'ils étaient eux-mêmes sous l'impression des mêmes craintes. Si les clients étaient pressés d'acheter, les marchands n'étaient pas moins pressés de vendre. Durant ce mois d'août, où chaque journée marquait une avance de l'ennemi, les marchands se disaient qu'il fallait liquider le stock le plus tôt possible et à tout prix. Il en résulta que l'empressement de l'offre tint pied à celui de la demande et même le dépassa, en sorte qu'au lieu d'une hausse des prix, on vit une baisse. C'est là un phénomène qui ne s'est pas produit souvent dans l'histoire économique.

Mais dès le mois de septembre, quand la victoire de la Marne eût calmé les appréhensions de la population parisienne et de toute la France, quand les fronts des armées furent stabilisés, commença cette marche ascendante des prix qui, depuis septembre 1914 jusqu'à aujourd'hui, décembre 1926, donc depuis 12 ans, n'a

---

(1) Nous en avons fait l'objet d'un cours spécial *La Lutte contre la Cherté* ; nous n'en donnons ici qu'un résumé.

— 44 —

pas cessé, sauf une petite interruption en 1920. Peut-être la fin de l'année 1926 marquera-t-elle l'apogée de la courbe et le commencement de la descente (1).

Rappelons sommairement les causes de cette hausse. On dira peut-être qu'elle s'explique assez par le fait de la guerre et qu'il n'y a pas à chercher d'autres explications. C'est ce que pense le public, il dit : c'est la guerre ! Et cela lui suffit. Mais un économiste doit faire une analyse un peu plus serrée.

Ces causes sont très nombreuses. Nous allons les grouper sous quatre chefs. Elles n'ont d'ailleurs pas agi simultanément, mais successivement, par périodes différentes.

§ 1. — La réduction de la production

La première de ces causes, celle qui agit presque immédiatement, *c'est la diminution de la production*, diminution qui tenait elle-même à des causes évidentes :

1° La diminution de la main-d'œuvre par suite de la mobilisation de presque toute la population masculine adulte : la France a mobilisé plus de 8 millions

---

(1) Cette hausse a passé par les étapes, exprimées en nombres-indices, que voici :

Juillet 1914	....	100
— 1915	....	122
— 1916	....	132
— 1917	....	183
— 1918	....	200
— 1919	....	201
— 1920	....	373
— 1921	....	306
— 1922	....	297
— 1923	....	321
— 1924	....	360
— 1925	....	421
— 1926	....	574

En fait, la hausse des prix ne s'est arrêtée qu'en mai 1927.

Ces chiffres sont ceux des prix de détail qui sont publiés mensuellement par le Bureau de Statistique Générale, mais on peut les trouver rassemblés dans la monographie de M. Lucien March, publiée dans la Bibliothèque Carnegie : *Mouvement des prix et des salaires durant la guerre* (pages 233-234).

d'hommes, sur une population totale de 11 millions d'hommes majeurs, nombre approximatif des électeurs.

Il est vrai qu'au point de vue économique la proportion à considérer n'était pas aussi forte, parce qu'il y avait les jeunes gens de 18 à 21 ans qui pouvaient fournir de la main-d'œuvre, mais d'autre part la population électorale ne comportant pas de limite d'âge, représente, avec les vieillards, un chiffre supérieur à celui de la population productive.

On peut même s'étonner qu'une si énorme diminution dans le nombre des producteurs n'ait pas entraîné une hausse des prix et une crise plus grave ? Les économistes qui s'étaient occupé de la guerre avaient tous dit que la guerre, la mobilisation de toute la population active entraînerait l'arrêt de la vie économique dans tous les pays belligérants et c'est pourquoi ils arrivaient à cette conclusion, dont le public s'est beaucoup moqué après coup : la guerre ne pourra durer plus de six mois.

Ils se sont trompés, évidemment : cette endurance a été une des surprises de la guerre.

On n'a généralement pas cherché à découvrir les raisons de ce phénomène. Je me permettrai de proposer une explication.

Si la mobilisation d'une très grande partie des travailleurs n'a pas entraîné une plus forte diminution des produits c'est parce que, en temps de paix, une très grande partie de la population dite productive *est en réalité improductive*. Elle ne fait rien. J'entends rien d'utile. Si vous considérez par la pensée tous les produits qui sont étalés dans les magasins d'une grande ville ou dans les salles d'une Exposition générale, vous verrez combien il y en a qui sont purement objets de luxe ou de divertissement, ce qui veut dire qu'à l'état de paix une très grande partie des 8 ou 10 millions d'hommes classés dans la population productive ne contribuent pas par leur travail à la vie économique du pays, mais seulement à ses fantaisies. C'est une fraction minime de la population industrielle, qui a pour tâche de satisfaire aux besoins vitaux du pays : c'est un petit nombre d'hommes qui fait vivre le genre humain.

La guerre, en prenant ces travailleurs et en leur donnant cet autre emploi improductif au premier chef qu'est la guerre, n'a donc pas changé les choses autant qu'on pourrait le penser. Que les milliers d'hommes qui étaient chauffeurs d'automobiles et conduisaient leurs maîtres faire des visites, ou menaient des touristes en promenades, aient été employés à la guerre à transporter des officiers ou même des munitions, qu'importe? la production générale du pays n'a guère perdu.

C'est là une leçon importante qu'il faut retenir : la guerre nous a appris qu'une très grande partie du travail humain est gaspillée ; le gaspillage de la guerre n'a fait que remplacer le gaspillage du temps de paix.

Il est vrai que la population civile n'a pas complètement renoncé à ses habitudes de luxe (voir p. 51 ci-après) ; aussi je ne prétends pas qu'il n'y ait eu une diminution réelle des forces productives du pays, particulièrement dans la plus importante, l'agriculture. Mais les femmes se sont mises au travail. Les enfants qui naguère allaient à l'école, les vieux retraités, ont repris la pioche et la charrue. Et un effort admirable a été accompli, mais qui tout de même n'a pas empêché une forte diminution dans la production du blé et dans la superficie des terres emblavées.

Voici d'abord le nombre d'hectares cultivés en blé. La moyenne des trois années 1911, 1912 et 1913 était de 6.515.000 hectares. Or, en 1917, après quatre années de guerre, le chiffre était tombé à 4.196.000 hectares. La diminution était donc de 2.324.000 hectares, c'est-à-dire plus d'un tiers, 35 %.

Et si au lieu de considérer la superficie emblavée, nous prenons le nombre d'hectolitres de blé produit, la diminution est plus forte encore. La moyenne des trois années 1911, 1912 et 1913 a été de 114 millions d'hecto-litres. La production de l'année 1917 a été de 48 millions d'hectolitres. La diminution est donc de 58 %, près des deux tiers.

Si la diminution de la récolte a été beaucoup plus grande encore que la diminution de la surface embla-vée, c'est parce que non seulement on a cultivé moins de terre, faute de bras, mais c'est aussi et surtout parce qu'on les a moins bien cultivées, faute de main-d'œuvre et d'engrais. La récolte par hectare a donc été très faible.

La population agricole est restée jusqu'au bout dans les tranchées, tandis qu'au contraire la population ouvrière industrielle était renvoyée du front dans les usines : c'est parce que les agriculteurs, sachant mieux manier la pioche et la pelle, étaient particulièrement préparés aux travaux de cette guerre, où il a fallu remuer tant de terres pour les tranchées et les abris.

L'agriculture n'a pas eu à souffrir seulement de la mobilisation des hommes, mais aussi de celle des humbles serviteurs de l'homme, les animaux : chevaux et mulets ont été réquisitionnés ; bœufs et moutons ont été mangés par les armées — ce qui fait que le bétail a diminué aussi dans des proportions considérables.

Il y avait en France, en 1913, 14.700.000 bœufs ou vaches ; il n'y en avait plus que 12.042.000 en 1917. Par là non seulement a diminué la force employée pour la culture, mais aussi la quantité d'engrais : le fumier de ferme est devenu rare.

Les cultivateurs, d'ailleurs, ne remplaçaient pas leurs animaux, même quand ils auraient pu le faire, parce qu'ils craignaient qu'on ne les réquisitionnât à nouveau.

A cette première cause de raréfaction des produits est venue bientôt s'en joindre une autre : ce sont les difficultés de transport par terre et par mer.

Pendant les premiers mois de la guerre les trans-ports par chemin de fer ont été presque complètement arrêtés ; et même durant les années qui ont suivi, ils ont été très réduits, les chemins de fer étant absorbés par le transport des troupes, des munitions et celui des permissionnaires qui n'était pas peu de chose.

Quant aux transports par mer, dès qu'a commencé la campagne des sous-marins allemands, ils ont été presque arrêtés.

Il faut cependant considérer que si la difficulté des transports agit sur les grands centres, parce qu'elle y raréfie les produits — en sens inverse, dans les campagnes en arrêtant l'exportation des produits au dehors et en ne laissant que la consommation sur place, elle a plutôt pour effet de provoquer une baisse des prix.

§ 2. — L'augmentation du coût de production

Et voici une seconde cause : l'accroissement des frais de production.

Ce n'est pas la même que la précédente, car même en supposant que les quantités apportées sur le marché ne soient pas diminuées, si les prix de revient augmentent, les prix de vente augmentent nécessairement.

Or, le coût de la production a augmenté rapidement.

D'abord par la hausse des salaires. Je sais bien que les ouvriers affirment que ce ne sont pas les salaires qui font monter les prix, mais que les salaires ne font que suivre, et même d'assez loin, la hausse des prix. On peut admettre en effet que généralement c'est la hausse des prix qui déclenche la hausse des salaires, mais le cas inverse est fréquent aussi. Nous en avons vu maints exemples durant la guerre. Dans les villes qui étaient des centres de fabrication industrielle, comme Bourges, aussitôt qu'arrivait de Paris la nouvelle que les salaires étaient augmentés de 10 %, immédiatement les marchands changeaient leurs étiquettes et mettaient une majoration égale de pourcentage.

En réalité il y a interdépendance des deux phénomènes. Dès que les prix montent, les salaires montent, parce quil faut bien que les salaires se règlent sur le coût de la vie. Mais quand les salaires montent, les prix montent aussi. Aucun homme de bon sens ne contestera que, par exemple, la hausse du coût de construction des maisons ne soit due, pour la plus grande partie, à la hausse du prix de la main-d'œuvre. Quand à savoir « lequel des deux a commencé », c'est une question insoluble et d'ailleurs oiseuse.

On a renoncé aujourd'hui, en Économie politique, à poser le problème de cette façon un peu simpliste : deux faits étant donnés, lequel est la cause, lequel est l'effet ?

Il n'y a pas eu seulement une hausse générale des salaires, mais aussi du taux de l'intérêt. Le prix de location du capital, qui est précisément l'intérêt, a haussé naturellement autant que les prix de location du travail qui est le salaire ; les capitaux se sont cachés et il a fallu élever beaucoup le taux de l'intérêt pour les faire sortir de leur cachette.

Les frais de transport aussi ont beaucoup augmenté, sinon sur les chemins de fer, parce que le gouvernement pour éviter l'influence de ce facteur a maintenu pendant la guerre les tarifs de 1914, mais sur mer : les frets, étant donné la destruction d'une grande partie de la flotte marchande par les sous-marins allemands, ont augmenté dans des proportions inouïes, allant jusqu'au décuple des prix d'avant la guerre. Les Compagnies d'assurances ont refusé dans bien des cas d'assurer les cargaisons des navires, et il a fallu que l'État se chargeât lui-même de cette assurance.

§ 3. — La majoration des profits

Une troisième cause de la hausse des prix est la majoration énorme des profits, ou, autrement dit, l'exploitation des consommateurs ; les Anglais disent *profiteering*.

Les périodes de trouble comme la guerre, sont extrêmement favorables pour le développement de cette exploitation du public, car, quelque prix que demandent les producteurs et les marchands, l'acheteur ne s'étonne pas, mais il dit : c'est la guerre !

D'ailleurs, en dehors même d'exploitation proprement dite, dès que, par suite de la dépréciation de la monnaie, la hausse des prix devient assez rapide, la marge qui existe toujours entre le prix de revient et le prix de vente au détail, cette marge qui, précisément constitue le bénéfice du marchand ou du fabricant, grandit naturellement. Quand ils voient les prix augmenter constamment, les marchands ne manquent pas de prendre les devants. Ils disent à l'acheteur : « Hâtez-vous ! vous trouvez que c'est cher ! mais ce sera encore plus cher la semaine prochaine ». Et les consommateurs, en effet, dans cette crainte, se hâtent d'acheter à n'importe quel prix, et parfois même ce dont ils n'ont pas besoin, à seule fin de réaliser une monnaie de papier qu'ils craignent de voir se volatiliser dans leur portefeuille.

§ 4. — L'augmentation de la consommation

Si la diminution de la production et de l'offre sur le marché, dont il vient d'être parlé, avait provoqué une restriction de la consommation, celle-ci aurait agi comme un frein automatique sur la hausse des prix. Mais tel n'a pas été le cas.

A l'état normal toutes les fois que, par suite de la raréfaction d'un produit, le prix d'un produit monte, la consommation diminue, car il y a moins de gens en situation de le payer. Ainsi s'établit automatiquement un équilibre, une stabilisation, comme celle qu'on cherche pour les avions. Si la cherté est un mal, elle est aussi le meilleur remède au véritable mal qui est l'insuffisance des produits, car la cherté agit en même temps comme un frein pour la consommation et comme un stimulant pour la production.

Mais pendant la guerre, la cherté n'a pas produit cet effet. Le public, pauvre ou riche, s'est montré aussi ardent à l'achat, quels que fussent les prix. Les marchands disaient couramment à cette époque : « plus c'est cher, mieux on vend ». Et cela s'explique assez, non seulement par le fait que chacun, commerçant ou industriel, et même ouvrier, avait ses poches bourrées de billets de banque, mais surtout parce que chacun se disait : « Qui sait ce que sera demain ? Que les événements tournent bien ou mal, cela ne peut durer ! A quoi bon économiser ! »

C'est un fait bien connu que les situations catastrophiques poussent à la prodigalité. Il est un peu humiliant d'avoir à constater que les branches de commerce qui durant la guerre ont le mieux prospéré, ont été la parfumerie, la bijouterie et la lingerie ; cela montre quelles étaient les habitudes du public à ce moment tragique. Naturellement on ne pouvait consommer plus qu'il n'y avait ; mais sur les stocks existants, c'était une surenchère des consommateurs.

Il faut considérer qu'à ce moment-là la classe ouvrière était plus à l'aise qu'elle n'avait jamais été dans le passé. La plupart des ouvriers qualifiés avaient été ramenés dans les usines de guerre où on prodiguait l'argent en salaires autant que la poudre sur les champs de bataille. Quant à ceux qui restaient au front, leurs femmes touchaient des allocations qui aujourd'hui paraîtraient modestes, mais qui, à ce moment-là, représentaient souvent un revenu supérieur au montant du salaire antérieur, à telles enseignes qu'on a vu des femmes dire : Ne faites pas revenir mon mari, j'y perdrais ! Celles qui ne touchaient pas d'allocation pouvaient s'embaucher comme ouvrières dans les usines de guerre ou autres, et c'est par centaines de mille qu'elles y allèrent.

Et si vous ajoutez à ces revenus inespérés, le fait que l'on ne devait point payer de loyer et presque point d'impôts, et ainsi la faculté de pouvoir employer aux consommations d'agrément l'argent rendu disponible sur la dépense naguère forcée, il ne sera pas paradoxal de dire que la guerre a été l'âge d'or pour une grande partie de la population !

Et puis, à ces consommateurs particuliers, est venu s'ajouter ce consommateur formidable qui n'existait pas précédemment : l'Etat. Ce qu'a pu consommer l'Etat pendant cette guerre est inimaginable, dans tous les pays d'ailleurs. L'Etat était devenu un ogre qui engloutissait tout.

Autrefois, dans les guerres précédentes, que consommait l'Etat ? Du fer et de la poudre, c'est-à-dire du charbon, du soufre et du salpêtre. Ces consommations n'avaient aucune répercussion sur le marché.

Mais dans la guerre de 1914 à 1918, en même temps qu'on mobilisait toute la population, on peut dire qu'on mobilisait pour la guerre toutes les richesses, même celles qui par leur nature semblaient destinées aux emplois les plus pacifiques, tels que le coton !

Pour faire vivre ces millions d'hommes sur le front, il fallait du blé, de la viande, des vêtements, tout ce que consomme la population civile. Dira-t-on que ces millions d'hommes auraient consommé chez eux autant qu'ils consommaient sous l'uniforme ? Certainement non.

Toute la population agricole qui, dans la vie civile, ne mangeait de la viande qu'une ou deux fois par semaine, recevait 300 et 400 grammes de viande par jour, ce qui constituait une ration exagérée. On donnait beaucoup trop de pain aux soldats : ils le jetaient ; les vêtements aussi étaient gaspillés, non seulement rapidement hors d'usage par la vie dans les tranchées, mais gaspillés; le linge sale était jeté. Comment aurait-on pu le blanchir ? De même pour le vin : il y avait des régions entières de la France qui n'en buvaient pas ; on apprit à le boire à l'armée.

En dehors même des consommations fournies par

l'Intendance, il y avait celles que les soldats achetaient eux-mêmes, comme des suppléments de vin où qu'ils recevaient de leurs familles.

Il en fût de même pour les opérations militaires, pour les munitions. Pour la dernière guerre, il a fallu utiliser tous les métaux ; tous les agents chimiques, pour les explosifs et les gaz asphyxiants : le coton, l'alcool, sur la plus grande échelle. Il y aurait eu de quoi habiller des millions d'hommes avec les tonnes de coton qu'on a volatilisé sous forme de poudre explosive.

Comment les prix de toutes ces denrées n'auraient-ils pas monté ?

§ 5 — La dépréciation de la monnaie

Rappelons enfin la cause qui a agi avec le plus de force sur les prix, à un tel degré qu'elle a fini par absorber toutes les autres : c'est la dépréciation de la monnaie. Mais celle-ci n'a agi qu'assez tard, presque à la fin de la guerre, et même pendant toute cette période a passé inaperçue du public.

En effet, si la mesure choisie comme étalon permet de mesurer les variations de toutes les quantités de même ordre, elle ne peut se mesurer elle-même ; et par conséquent au cas où elle varie, on ne peut s'apercevoir de ses variations que par les procédés indirects. Tel est le cas de la monnaie en tant que mesure de valeur. Ses variations de valeurs ne peuvent être révélées que de deux façons :

à l'extérieur, par sa comparaison avec les monnaies étrangères ; les variations apparaissent sur la cote des changes ;

à l'intérieur, par sa comparaison avec l'ensemble des marchandises contre lesquelles elle est échangée ; les variations de son pouvoir d'achat de la monnaie apparaissent sur les tableaux des nombres indices des prix, qui sont l'ensemble des prix des marchandises, calculés à des moments déterminés et exprimés en tant pour cent.

Mais avant la guerre et même pendant, personne ne se préoccupait du cours des changes, ni des nombres-indices, ni ne songeait à les consulter ; même on ne les trouvait que dans les journaux financiers. Quand donc on voyait les prix monter, on disait simplement : c'est la guerre ! ou si on voulait analyser de plus près les causes de la hausse, on se référait à celles que nous avons précédemment énumérées, et on ne songeait pas à la dernière. D'ailleurs, le gouvernement avait pris soin de maintenir cette ignorance du public, en frappant de pénalités sévères tout acte qui impliquait une dépréciation du billet de banque, tel que le fait de toucher une prime pour changer un billet contre de l'or, ou pour un marchand d'avoir deux prix différents, l'un en or, l'autre en billets ; et même parfois, toute parole qui donnait à croire que cette dépréciation existât (1). Le mensonge légal a trouvé une admirable crédulité dans le public et jusqu'à 1920 environ nul ne mettait en doute que, de même qu'avant la guerre, le billet de 100 francs ne valût 100 francs or.

D'ailleurs, cette crédulité était aussi confirmée dans une certaine mesure, pour ceux qui pensaient à consulter le cours des changes, par la stabilité relative du franc sur cette cote, relativement à la livre ou au dollar. Même durant la période la plus tragique, comme celle d'août 1914 et de mai 1918, le franc ne faiblit guère et à la fin de la guerre il avait perdu seulement la moitié de sa valeur, autrement dit, la livre était à 50 francs.

Il est vrai que si au lieu de regarder la cote des changes, on s'avisait de regarder les nombres-indices, ici la dépréciation du franc apparaissait beaucoup plus forte, car en 1918, à la fin de la guerre, les prix avaient plus que doublé, marquant 245. Mais je le répète, on expliquait facilement cette hausse par les causes déjà indiquées : pénurie de matières premières, manque de main-d'œuvre, difficultés de transport, etc., et en effet,

ces causes-là pouvaient suffire à expliquer le double-
ment des prix. Ce ne fut que les années suivantes,
quand le nombre-indice s'éleva à 300, 400, 500, alors
que la paix conclue on ne pouvait plus dire : c'est la
guerre ! c'est alors que les yeux s'ouvrirent et que la
cause essentielle apparût aux regards de tous.

La dépréciation une fois constatée, restait à en chercher la cause ; elle n'était pas difficile à trouver :
c'était évidemment la multiplication du nombre des
billets de banque, la monnaie n'échappant pas à la loi
générale qui fait que la valeur de toute chose se dépré-
cie par surabondance. Or, le chiffre de francs, en forme
de billets, qui était un peu moins de 6 milliards avant
la guerre, avait été élevé déjà à 20 milliards à la fin
de la guerre, pour atteindre en 1926 le chiffre fantasti-
que de 56 milliards.

On pourrait même s'étonner que la dépréciation ne
fut pas pire, car le chiffre de francs-papier ayant décuplé, la valeur du billet aurait dû tomber au 1/10 de sa
valeur ; autrement dit, les prix auraient dû décupler
et le nombre indice s'élever à 1.000 ! Mais, heureusement, ce calcul simpliste comporte certaines rectifica-
tions :

1° Avant la guerre, la circulation monétaire ne se
composait pas seulement de billets, mais pour une
quantité presque égale, de monnaie métallique, or ou
argent, ce qui au total devait faire environ 11 milliards.

Or, depuis le début de la guerre la monnaie or et
argent avait disparu parce que, comme il arrive dans
toutes les périodes de guerre ou de Révolution, ceux qui
possédaient cette monnaie métallique, la thésaurisè-
rent ; et plus tard ceux qui étaient patriotes répondirent
à l'appel qui leur fut adressé d'aller le déposer à la
Banque de France.

Les jeunes gens qui n'ont pas plus de quinze ans
n'ont pour ainsi dire jamais vu une pièce d'or ; ils
ignorent aussi cette grosse pièce d'argent que nous

avons tous connue, qui était la bonne vieille pièce française, l'écu de 5 francs.

Il ne faut donc pas dire que l'augmentation de la monnaie a été de 6 à 56 mais de 11 à 56 ; elle n'a pas décuplé mais seulement quintuplé, et cette augmentation se trouve alors assez exactement d'accord avec celle du nombre-indice des prix.

Ce rapport entre la quantité de monnaie en circulation et les prix, qu'on nomme la théorie quantitative, a donné lieu à d'innombrables articles et à bien des critiques.

Elle comporte, en effet, des réserves dans lesquelles il est inutile d'entrer ici. Si on trace d'une part la courbe de la quantité de monnaie-papier, et d'autre part celle des prix, on voit qu'elles ne coïncident pas exactement mais cependant assez pour confirmer absolument l'existence de cette loi ; les écarts indiquent simplement que la quantité de monnaie n'est pas la seule cause qui agit sur les prix, ce qui d'ailleurs pouvait être prévu *a priori*.

Il est un point cependant qui est indiscutable. Quand on dit que les prix montent parce que la valeur de la monnaie baisse, cela veut dire que la multiplication de la monnaie a cet effet de mettre entre les mains de chacun une plus grande quantité de moyens d'achat et de déterminer une surenchère sur les prix. Or si la quantité de marchandises reste par hypothèse la même, ou à plus forte raison si elle est réduite, il est évident que les prix doivent monter.

2° Il faut remarquer aussi que si la monnaie ne circule pas, mais dort dans un coffre, alors elle n'agit pas sur les prix.

Ce n'est pas seulement la monnaie d'or qui a été thésaurisée, c'est aussi, à défaut de celle-ci, la monnaie de papier.

Et cette thésaurisation des billets, quoiqu'elle puisse être critiquée au point de vue bancaire, fait assurément honneur au patriotisme des thésauriseurs, car thésauriser du papier c'est assurément un acte de foi admirable dans sa solidité présente et à venir !

Sur le total de billets émis, une partie, qu'on ne peut connaître mais qui est certainement de plusieurs milliards, a été retirée de la circulation et par conséquent est comme inexistante. Le total réel de la monnaie active est donc inférieur au total nominal.

3° Il y a encore un troisième fait à noter : c'est que, durant la guerre et longtemps après, toute vente était faite au comptant. Le crédit avait été tué.

Quel a été le résultat de cette façon de procéder ?

C'est qu'il fallait employer beaucoup plus de monnaie. Par là même, la demande de monnaie augmentait. L'emploi du chèque et de tous les modes de crédit a pour effet d'économiser la circulation de la monnaie, mais au contraire quand il faut constamment avoir l'argent à la main, il est évident qu'il en faut beaucoup plus. Autrement dit : en même temps que la quantité de monnaie augmentait, les besoins de monnaie augmentaient aussi et ainsi la valeur du billet se trouvait soutenue par la loi de l'offre et de la demande.

CHAPITRE IV

LA LUTTE CONTRE LA CHERTE

§ 1 — L'action individuelle du consommateur

Les économistes avaient toujours enseigné que pour lutter contre la cherté il n'est pas besoin d'organisations spéciales, les lois économiques suffisent, à savoir :

d'une part, la concurrence des marchands entre eux, qui les oblige à réduire leurs profits et à ramener leurs prix de vente au plus près du prix de revient ;

d'autre part, la grève des consommateurs, l'abstention de la demande si le prix est trop élevé.

Mais l'expérience a appris que, ni l'un ni l'autre de ces modes de rétablissement de l'équilibre, ne fonctionne guère aujourd'hui. Il n'y a plus la concurrence des producteurs et des marchands, parce qu'ils sont toujours d'accord par une convention expresse ou tacite. Et il n'y a plus guère de résistance du côté des consommateurs !

Certes ! il semble bien que pour engager la lutte contre la cherté, le mieux-qualifié ce serait celui qui en est victime, c'est-à-dire le consommateur. Il semble bien que son action, même simplement individuelle, pourrait être efficace : il peut discuter, il peut marchander, il peut même ressource suprême mais irrésistible, se refuser à acheter. Il n'y a aucune hausse qui puisse résister à la grève du consommateur.

Mais si en théorie le consommateur peut tout cela, en fait le consommateur, le plus souvent, ne sait pas jouer son rôle économique ; il ne se défend pas, il se livre, il se fait même souvent le complice de la hausse des prix.

Cela s'explique facilement. Pour que le consommateur puisse se défendre il faut d'abord qu'il soit informé du juste prix, et ce n'est pas possible pour ceux qui ne sont pas du métier.

Même en supposant qu'il le connaisse, s'il veut débattre ce prix, marchander, et finalement s'abstenir, il faut que le consommateur s'inflige des ennuis et finalement une privation.

Autrefois, la classe bourgeoise avait mieux le sentiment de ses intérêts. Même ceux qui étaient riches, et auraient pu ne pas se préoccuper de la dépense, considéraient non comme une humiliation mais au contraire comme un devoir, de marchander et de ne payer que le juste prix. Ils ne craignaient pas de dire au marchand trop exigeant : « j'irai acheter ailleurs ». Et ils avaient chance, en effet, de trouver quelque autre marchand disposé à consentir un rabais. Et si finalement ils devaient renoncer à acheter, au sacrifice que leur coûtait cette abstention ils trouvaient une compensation suffisante dans la disponibilité pour l'épargne qui en résultait. Les marchands savaient donc que s'ils majoraient les prix de façon exagérée ils risquaient de perdre leurs clients qui iraient chez le voisin ou qui s'abstiendraient.

La classe ouvrière méprise ces vertus bourgeoises : elle ne marchande pas et elle ne s'abstient que quand elle n'a pas d'argent.

C'est pourquoi les marchands savent que, pour fixer leurs prix, ils peuvent prendre pour critérium non pas comme autrefois le prix de revient, le juste prix, mais les ressources du consommateur, l'argent que celui-ci possède dans son porte-billets. Ils savent qu'ils peuvent aller jusqu'à cette limite ; le tout est de la deviner, de l'atteindre, et de savoir ne pas la dépasser.

C'est surtout — et nous en revenons ici à l'objet principal de ce cours — durant la guerre, que l'on a pu constater l'insuffisance de cette prétendue stabilisation automatique.

Dès le début de la guerre, la hausse des salaires et des profits, créée elle-même par la multiplication des billets de banque, a mis dans la poche des gens de toute classe, des moyens de paiement qu'ils n'avaient jamais eu jusqu'alors ; ils ont pensé qu'il n'y avait pas à les ménager. Ils ne savaient qu'en faire.

Il faut dire aussi que les consommateurs ont été poussés dans la voie de la dépense par un préjugé absurde qui a eu cours dans le public depuis le commencement de la guerre. On n'a cessé de leur dire : il faut tout faire comme s'il n'y avait pas de guerre ; ne diminuez pas vos consommations ! Ne renvoyez pas vos domestiques ! Ne réduisez même pas vos dépenses de luxe, parce qu'il faut donner du travail aux commerçants, fournisseurs, ouvriers ! Il faut faire marcher le commerce et l'industrie.

Ce n'est qu'à la fin de la guerre, et même après, que les yeux se sont ouverts et que des Ligues d'Economistes ont commencé à réfuter cette opinion courante et à prêcher au contraire l'économie, sans aucun succès d'ailleurs, du moins en France. Il a donc fallu recourir à des mesures coercitives, que nous indiquerons plus loin, pour restreindre les dépenses.

La dépréciation de la monnaie dans les pays belligérants, qui a été la cause de la hausse des prix, a aussi poussé les consommateurs à la dépense.

Et même, il faut reconnaître que là où la dépréciation de la monnaie dépasse certaines limites, on peut dire que le fait d'acheter à n'importe quel prix devient un acte non seulement excusable, mais presque recommandable ; presque un acte de sagesse.

En effet, dans un temps où la monnaie perd sa valeur, non seulement d'une année à l'autre, mais quelquefois d'un jour à l'autre, quelquefois même, comme en Allemagne, d'une minute à l'autre, il est vraiment inutile de discuter le prix et de garder l'argent, puisqu'il est à craindre que du soir au lendemain il ait perdu la plus grande partie de sa valeur, tandis qu'au contraire la marchandise quelconque acquise en échange aura quelque chance de la conserver ; on pourra même le revendre avec bénéfice !

Garder un billet de 100 francs dans son tiroir, c'est être exposé à le trouver le lendemain, comme dans l'un des contes fantastiques des frères Grimm, sous forme de feuille morte.

En Allemagne, au cours de l'année 1023, il y a eu des journées où, entre le matin et le soir, le mark est tombé des 00/100' de sa valeur.

Les ouvriers qui touchaient leur paye le samedi se disaient : si nous attendons lundi pour faire nos achats, l'argent que nous avons reçu ne vaudra plus rien. Et ils se précipitaient chez les marchands. Il y avait des queues formidables à leurs portes et tous ne pouvaient pas être servis parce que les premiers arrivés achetaient tout.

En France, nous n'en avons jamais été là.

Cependant la hausse des prix créée par la dépréciation du franc a été assez rapide pour agir dans le sens que nous venons d'indiquer, c'est-à-dire comme stimulant à la dépense. En sorte que par un paradoxe singulier et pourtant bien explicable, plus rapidement les prix haussent et plus les consommateurs sont empressés à payer, parce que les marchands leur disent : hâtez vous de profiter du prix d'aujourd'hui car ce sera plus cher la semaine prochaine.

Mais si le consommateur ne veut pas ou ne peut pas agir isolément, peut-être pourrait-il avoir une action plus efficace par l'association ?

En effet, il y a diverses espèces d'associations de consommateurs pour lutter contre la cherté et qui vont depuis la forme embryonnaire du « groupement d'achats » entre individus, jusqu'à celle des colossales Fédérations Coopératives d'achat dites Magasins de Gros.

La guerre a eu pour effet d'en augmenter le nombre.

On peut en distinguer trois espèces principales :

les ligues d'économies ;

les ligues de consommateurs ;

les sociétés coopératives de consommation.

Ce sont trois formes d'organisations très différentes entre elles.

Mais des deux premières nous ne dirons rien, d'abord parce qu'elles n'ont donné aucun résultat et aussi parce que nous en avons parlé suffisamment dans un autre cours (1).

Nous ne parlerons donc que des coopératives de consommation, mais préalablement et pour mieux comprendre les difficultés qu'ont eu à surmonter celles-ci et la médiocrité des résultats obtenus, il faut ouvrir une parenthèse et dire ce qu'ont fait les pouvoirs publics pour lutter contre la cherté.

(1) Voir *La Lutte contre la Cherté*. Cours de 1924-25.

§ 2. — L'action de l'Etat

La cherté croissante a été une des principales préoccupation de tous les gouvernements durant la guerre. Ils voulaient que le pays tînt « jusqu'au bout » et pour cela il fallait soutenir son moral. Mais pour le soutenir moralement il fallait aussi le soutenir physiquement : il fallait que la population pût vivre et surtout empêcher que la hausse des prix ne laissât qu'à la classe riche les moyens de vivre.

Mais étant donné les causes de la cherté que nous venons d'analyser que pouvaient faire les pouvoirs publics ?

Reprenons chacun d'eux et nous constaterons leur quasi impuissance.

a) *L'inflation*

Pouvait-il agir sur la principale cause qu'il avait lui-même déclenchée, l'inflation, la dépréciation de la monnaie résultant de l'émission énorme de billets de Banque ?

Il aurait bien voulu s'arrêter et, si possible, faire machine en arrière. Mais il fallait aussi gagner la guerre et pour cela pourvoir à des dépenses chaque jour accrues. Où trouver l'argent ?

Les économistes et les financiers, notamment ceux de l'étranger, disaient au gouvernement français : Emettez moins de billets, et demandez davantage à l'impôt.

C'était commode à dire. Mais à un moment où tous les Français étaient mobilisés, il était un peu dur de demander soit aux mobilisés eux-mêmes, soit à leurs familles restées au logis, de payer des suppléments d'impôts. On était plutôt porté à rendre la main et à ne pas trop presser le recouvrement.

Pour se procurer de l'argent, il y avait aussi la ressource de l'emprunt. On y eut recours autant qu'on le pût, mais c'est un moyen qui s'épuise. On ne peut pas indéfiniment faire appel aux souscripteurs : ils finissent par se refuser malgré les conditions les plus avantageuses — et les plus onéreuses pour l'Etat — qu'on leur offre. Si les emprunts sont faits à l'étranger, ils sont ruineux : le gouvernement français y a eu recours pourtant et nous savons aujourd'hui ce qu'il nous en coûtera.

Alors avec des dépenses qui atteignaient 50 et 60 millions par jour, et étant donnée l'impossibilité d'augmenter les impôts et la difficulté de multiplier les emprunts, il n'y avait plus d'autre ressource que l'émission des billets : c'était la carte forcée.

On a dit beaucoup de mal du papier-monnaie et depuis bien longtemps : on attribue à Napoléon ce mot : pire que la peste. Cependant, il faut reconnaître que sans le papier-monnaie la guerre n'aurait pu se prolonger : les économistes avaient prévu une durée de six mois, et cette prévision, quoique si raillée après coup, se serait probablement réalisée s'il n'y avait pas eu le papier-monnaie pour financer la guerre. On pourra dire, il est vrai, que c'est là un grief de plus contre le papier-monnaie ! Mais si on peut déplorer au point de vue humanitaire que le papier-monnaie ait permis de prolonger la guerre, il ne faut pas oublier au point de vue national que si la guerre avait dû s'arrêter fin 1914, faute d'argent, c'est la France qui perdait la guerre ! Il n'y a nul doute sur ce point.

Ce qui nous paraît plus critiquable c'est qu'aujourd'hui, alors que la guerre est finie depuis huit ans, le gouvernement ne fasse presqu'aucun effort pour réduire la quantité de billets. Présentement elle est descendue du maximum de 56 milliards à 53, mais cette réduction, qui n'est même pas de 10 p. 100, est tout à fait insuffisante et c'est certainement la principale cause qui enraye la baisse des prix. Mais ici nous sortirions du cadre de ce cours et je passe.

b) *La disette de main-d'œuvre.*

L'Etat pouvait-il agir plus efficacement sur les autres causes de cherté ?

Nous avons dit qu'une des principales causes était la diminution de la production. L'Etat pouvait-il augmenter la production, ou du moins lutter contre la raréfaction des produits ? C'eût été sa tâche la plus importante Mais ici aussi comment faire ?

Rendre des travailleurs à la terre et à la fabrique ? L'Etat l'a fait mais pas pour les fabrications civiles seulement, pour faire des cartouches, des obus, des canons. La vraie production n'y a donc rien gagné. On a renvoyé en effet les ouvriers techniciens et les chefs d'industries pouvant servir à la Défense Nationale. Quant aux agriculteurs, producteurs du pain, on en avait besoin pour les tranchées.

Et alors où trouver la main-d'œuvre indispensable pour l'alimentation du pays ? Pas dans l'immigration étrangère, car chaque pays gardait ses hommes.

Toutefois l'Etat a pu trouver un appoint de main-d'œuvre très inattendu : les prisonniers de guerre.

On n'avait jamais pensé qu'une guerre pût durer assez longtemps et se faire sur une assez grande échelle pour que des prisonniers pussent fournir une main-d'œuvre utilisable. Et il faut dire que pour la France elle n'a pas été considérable, parce que le nombre des prisonniers allemands n'a pas été bien grand durant les premiers temps. C'était malheureusement le nombre des prisonniers français en Allemagne qui a été énorme dès les derniers mois de 1914 et la première moitié de 1915. En France, à la fin de 1914, il y avait à peine 60.000 prisonniers allemands tandis qu'il y avait 300 à 400.000 prisonniers français en Allemagne. Mais le Gouvernement français ne publiait pas ces chiffres et défendait qu'on les publiât, parce que — pour soutenir le moral

du pays et aussi pour discuter avec l'Allemagne le régime des prisonniers et obtenir des concessions réci-
proques — il fallait laisser croire qu'il y avait une
certaine égalité entre les prisonniers de chaque camp.

Toutefois, à partir de 1915 et 1916, le nombre des prisonniers allemands augmenta, et à la fin de la guerre
nous en avions à peu près 400,000. Mais c'est surtout
dans les derniers mois de la guerre qu'ils ont été faits,
à la seconde bataille de la Marne notamment. Ils ont
toutefois été utilisés assez longtemps parce qu'on les a
gardés après l'armistice — ce qui a été un des griefs les
plus vivement ressentis par l'Allemagne qui n'admettait
pas qu'on gardât les prisonniers allemands, alors qu'on
l'obligeait à rendre les prisonniers alliés. Et ce grief
nous a paru assez fondé, mais c'est un point que nous
n'avons pas à discuter dans ce cours.

Il n'y avait pas seulement comme obstacle à l'utilisation des prisonniers allemands l'insuffisance du nombre : il y avait la répugnance de la population à employer des « Boches », après tout ce que les journaux
avaient raconté des atrocités allemandes : enfants avec
les mains coupées, etc.

Cependant, à la longue, le manque de bras décida les
propriétaires à essayer et on peut dire qu'ils furent
bientôt revenus de leurs appréhensions. Les prisonniers
allemands ont très bien travaillé. Je puis en parler moi-
même en témoin, car dans un domaine du Gard, j'ai
vu moi-même à l'œuvre des équipes de prisonniers
allemands ; ils travaillaient beaucoup plus longtemps
que les ouvriers agricoles du pays et s'adaptaient très
bien aux modes de culture qu'ils ne connaissaient pas.

D'autre part, leur travail ne revenait pas cher. Il fallait
les nourrir — c'était bien de moins — mais on ne devait
leur donner comme nourriture que ce qui était spécifié
par le règlement, parce qu'on ne voulait pas que les prisonniers allemands eûssent une nourriture supérieure à
celle que recevaient les prisonniers français, en Allemagne. Ils étaient donc rationnés de façon extrêmement

sévère, et même telle que dans bien des cas le rendement du travail s'en ressentait.

En plus de la nourriture ils avaient droit à un salaire
en monnaie, mais misérable : 30 centimes par jour à
peu près. Il est vrai que ces 30 centimes étaient comptés
en monnaie au pair. Ce qui était plus onéreux pour le
propriétaire c'était de nourrir les gardiens: chaque pelo-
ton de prisonniers, qui devait être de vingt hommes au
moins, était escorté de deux soldats qui les gardaient
toute la journée baïonnette au canon, et il va sans dire
que les soldats ne se contentaient pas de la ration des
prisonniers.

Les prisonniers n'étaient pas tous employés dans
l'agriculture. L'administration militaire s'en montra
même assez avare. Elle les employait de préférence
dans les usines métallurgiques ou dans les mines, pour
extraire du charbon, ou même, il faut bien le dire, pour
la fabrication d'armes, quoique ce fut défendu par le
droit des gens ; mais le gouvernement français faisait valoir, non sans raison, que les Allemands avaient
donné l'exemple.

Néanmoins la main-d'œuvre des prisonniers fut tout
à fait insuffisante pour apporter un remède à la cherté :
ce fut à peine une atténuation.

c) *La disette des denrées.*

Y avait-il alors quelque moyen d'éviter cette calamité
de terres laissées en friche à ce moment critique, où
l'on avait tellement besoin de pain ?

Les propriétaires disaient : ce n'est pas notre faute,
nous n'avons pas de main-d'œuvre. Quoique bien fondée que fût cette réponse, une loi décida que toutes les
fois que des terres seraient laissées incultes, les voisins
pourraient en prendre possession, ou bien encore il
pourrait se créer des coopératives pour exploiter ces
terres abandonnées.

Mais une telle mesure parut révolutionnaire : on y

vit une atteinte et même un attentat au droit de propriété. Il y eût beaucoup de communes qui se refusèrent
à appliquer la loi.

Pourtant, elle fut appliquée dans quelques cas ; il y a
eu des sociétés coopératives, dont j'aurai l'occasion de
parler dans une prochaine leçon, qui se créèrent en
véritables colonies de culture. Mais au point de vue de
la production générale ce ne fut aussi qu'un appoint
insignifiant.

Que pouvait-on faire encore pour remédier à la pénurie des produits ? Faciliter l'importation ? Oui, et c'est
ce qu'on fit. On supprima les droits d'entrée sur les blés
et sur les produits de première nécessité. Mais cela
n'allait pas non plus sans inconvénients parce que les
marchandises importées devaient être payées en dollars
ou en monnaie équivalente.

Cependant, à ce moment-là, il n'y avait pas grand
inconvénient parce que les armées anglaises et américaines nous apportaient beaucoup de livres et de dollars,
ce qui permettait de payer les importations sans faire
baisser le change.

Les importations étrangères ont été certes d'un grand
secours, quoique pour la France elles fussent d'une
nécessité moins pressante que pour l'Angleterre ou
l'Allemagne.

Il est à noter que en certains cas l'Etat a, au contraire,
prohibé absolument l'importation. Cette mesure visait
un but tout différent , non assurément de diminuer la
cherté, mais d'empêcher des consommations de luxe.
On pensait qu'il n'était pas moral de faire venir de
l'étranger, dans des moments difficiles, des produits de
luxe. . . .

Contre la disette de certaines denrées on a eu recours
aussi aux prohibitions d'exportation et même aujour-
d'hui encore on y a recours de temps à autre. Quand on
croit qu'il n'y a pas assez de pain, de beurre, de viande,
en France, on en conclut qu'il faut garder ces produits
pour la consommation intérieure et ne pas permettre

que, pour réaliser un bénéfice, le producteur aille les vendre à l'étranger. Il y a aujourd'hui plus de 60 articles qui sont frappés de prohibitions d'exportation.

Mais c'est là un remède dangereux car, s'il améliore momentanément la situation, il compromet l'avenir. En effet, grâce à cette prohibition d'exportation, la France a actuellement perdu à peu près complètement l'exportation du beurre français. Le beurre français était autrefois un des articles d'exportation pour l'Angleterre et pour la Suisse. Aujourd'hui, l'exportation du beurre de Normandie, qui est de qualité excellente, est tombée à presque rien : 7 à 8 % de l'exportation ancienne. C'est donc une mesure qui a fait perdre un marché précieux, sans avantage pour les consommateurs nationaux.

J'ai indiqué aussi comme cause de cherté l'augmentation du coût de production, et notamment des salaires, les difficultés de transports par terre, la hausse énorme du fret.

Mais que pouvait faire l'Etat ?

Les salaires ? — Ce n'est pas l'Etat qui pouvait les abaisser ; au contraire, il les augmentait, parce qu'il voulait trouver des ouvriers à tout prix pour fabriquer des obus. Nous reviendrons plus tard sur ce point important de l'augmentation des salaires dans les usines de guerre.

Les frais de transport ? Tout ce que l'Etat pouvait faire c'était de ne pas permettre aux Compagnies d'augmenter les tarifs des chemins de fer. Ce n'est qu'après la guerre qu'on a commencé à les augmenter.

Le fret de mer ? L'Etat a créé toute une flotte à lui, non seulement pour diminuer les frets, mais parce que les armateurs ne voulaient plus courir les risques du torpillage des sous-marins. Cette entreprise a été ruineuse pour l'Etat.

L'Etat supprima un monopole, celui de la navigation entre la France et l'Algérie. Cette navigation est considérée comme un simple cabotage, c'est-à-dire comme transport entre ports français et, comme tel, réservé aux Français à l'exclusion des étrangers, mais au grand détriment des voyageurs et consommateurs français. Malheureusement il a été rétabli après la guerre.

d) Le profitage.

Mais tout cela ce sont de petits palliatifs. Il n'y a eu que deux des causes de cherté, parmi celles que nous avons énumérées, sur lesquelles l'Etat a cru pouvoir exercer une action efficace. C'est ce que j'ai appelé le « profitage ».

Que peut faire l'Etat quand il pense que les prix sont exagérés ?

Le remède pratiqué de tout temps, qu'on retrouve non seulement sous l'Empire romain mais dans la plus lointaine antiquité, c'est la taxation des prix. Ce mot de taxation est très impropre et induit les étrangers en erreur, parce que taxer veut dire aussi frapper d'impôts : le mot juste serait « tarification ». Les Italiens ont un mot beaucoup plus clair et qui fait image, ils disent *calmiere*, comme l'huile sur les vagues.

Durant la guerre les gouvernements de tous les pays belligérants y ont eu recours sur la plus grande échelle, nonobstant les protestations des économistes (1).

Ces taxations non seulement n'ont pas donné de résultat utile mais, comme l'avaient prédit les économistes, elles ont aggravé le mal.

C'était inévitable. Considérons par exemple le beurre. C'est un des articles qui ont subi la plus forte majoration. L'Etat a donc taxé le beurre. Qu'ont fait les paysans ? Ils n'en ont plus porté au marché ; ils ont vendu leur lait en nature. Du jour au lendemain, dès

---

(1) Il faut citer un cas curieux de taxation minima, défendent de vendre *au-dessous* d'un certain prix. Tel a été le cas pour les journaux dont, malgré les protestations de bon nombre d'entr'eux et sous peine de saisie, le prix fut élevé de 5 centimes à 10 centimes.

Cette taxation à rebours avait pour prétexte de faire économiser le papier, mais en réalité elle avait pour but de protéger quelques grands journaux qui ne pouvaient plus couvrir leurs frais.

que le beurre a été taxé, on a vu les arrivages de beurre aux halles tomber au 1/10ᵉ de leur chiffre normal.

Il n'y avait, direz-vous, pour déjouer la malice des paysans qu'à taxer le lait ? C'est ce qu'on a fait, mais les paysans ont gardé le lait et ont élevé des veaux. Fallait-il alors taxer les veaux ?

De même pour le blé. On a taxé d'abord le pain : mais il fallait alors taxer la farine.

Alors les meuniers ont dit : Si vous taxez la farine, il faut taxer le blé. C'est ce qu'on a fait.

Et alors qu'a fait le paysan ? il n'a plus semé de blé mais de l'avoine ou de l'orge. Fallait-il alors taxer toutes les céréales ! On se trouva ainsi entraîné dans une série de mesures vexatoires, inutiles et dangereuses, en ce qu'elles risquaient d'aggraver la disette — et dont le consommateur ne savait aucun gré aux pouvoirs publics. En effet, quand un produit était taxé, les choses se passaient de la façon suivante. Le marchand disait à l'acheteur qui demandait tel ou tel article taxé : « Je n'en ai point ». C'était son droit ; il n'y a pas de loi qui puisse obliger un marchand à vendre. Mais le client savait ce que cela voulait dire ; il faisait un petit signe, et moyennant un supplément donné de la main à la main, le marchand allait chercher dans son arrière-boutique tout ce qu'on voulait.

Le gouvernement a fini par renoncer à la taxation impérative et à la remplacer par la taxation officieuse, cette taxation qui consiste moins à fixer un maximum aux producteurs qu'à fournir une indication aux consommateurs. L'État dit par là au public : « Voilà le vrai prix, en tenant compte de tous les frais généraux et des bénéfices légitimes du commerce ; voilà le prix normal ; maintenant si vous voulez payer davantage, c'est votre affaire ».

Mais ceci non plus n'a pas donné de grands résultats, parce que le public ne se prête pas du tout à la lutte contre la cherté ; il n'a aucune reconnaissance pour ceux qui essaient de lui venir en aide et, loin de les aider, il se fait plus volontiers complice de ses exploiteurs.

Les journaux ont publié ce matin ce qu'on appelle le barème de la boucherie. On trouve que les bouchers vendent la viande beaucoup trop cher, alors que le bétail sur pied a beaucoup baissé ces dernières semaines.

La viande de boucherie devrait subir une baisse correspondante. Ceux qui ont à tenir un ménage savent que la côtelette ou le gigot sont restés au même prix. Pour faire cesser cette exploitation, la préfecture de la Seine a établi un barème. Ce mot de barème, à lui seul, indique qu'il s'agit d'un problème assez compliqué. En effet, voyez ce qu'il faut de calculs pour établir le prix de la viande de bœuf : il faut prendre le poids du bœuf sur pied, calculer le poids net de la viande, lequel varie pour chaque bête et selon la durée et la fatigue du voyage. Par contre, il faut évaluer ce qu'on peut tirer de ces sous-produits. Et enfin dans ce qui est consommable il y a peut-être trente morceaux de qualité et de noms différents. Il faut donc établir un prix différent pour chacun de ces morceaux, .e façon à retrouver le prix d'achat de la bête, majoré des frais généraux et bénéfices légitimes.

C'est un problème des plus difficiles et la Commission a travaillé trois semaines pour le résoudre. Cela fait, les prix sont publiés à titre indicatif. Mais encore faut-il que l'acheteur ait son barème en poche s'il veut contrôler !

Il restait encore une ressource : c'est de faire de la majoration des prix un délit sous le nom de spéculation illicite. On l'a fait. Cette loi a été votée, puis elle a été abrogée, puis elle a été rétablie ; il faudrait tout un cours pour faire l'histoire de la loi sur la spéculation illicite !

Continuellement on remet cette loi sur le métier, mais sans aboutir.

En effet, à quel taux commence la majoration dite illicite ? Comment distinguer celle qui tient à des causes économiques, normales, de celle qui implique la mauvaise foi du vendeur ?

Cependant je ne suis pas de ceux qui condamnent toute loi contre le profitage, car tout coopérateur doit avoir pour idéal la réalisation du juste prix, ce qui implique la possibilité de dégager le juste prix de toutes les superpositions usuraires. Notre programme vise à l'abolition du profit. Si donc nous croyons qu'il pourra être aboli, à plus forte raison devons-nous croire qu'il peut être, en attendant, limité.

Je ne vois pas pourquoi il serait plus absurde d'établir une limitation du profit que celle de l'intérêt : il est vrai que la limitation de l'intérêt a été abolie depuis la guerre, mais on ne peut pas dire qu'elle fut irréalisable puisqu'elle a existé pendant des siècles.

Je reconnais que c'est difficile, plus difficile que pour l'intérêt de l'argent, parce que celui-ci apparaît à l'état nu sous la forme d'une somme fixe payée périodiquement au prêteur, tandis que le profit n'est pas séparé du prix du produit dans la pratique. Il apparaît, à l'état pur, dans le dividende, mais ce n'est pas sous la forme de dividendes que les majorations sont les plus abusives, moins aujourd'hui que jamais, car le dividende est taxé d'impôts énormes qui l'absorbent parfois en entier.

c) *La surenchère du consommateur.*

Il y a deux ans, le ministre du Commerce, qui était alors M. Charles Chaumet, dans un discours à un Congrès, disait : « Le principal artisan de la hausse des prix, c'est le consommateur ».

C'est là un fait certain, quoique paradoxal, que j'ai eu bien des fois l'occasion de signaler. Quand un produit est raréfié, c'est-à-dire que l'offre n'est pas suffisante pour les besoins de la consommation, qu'arrive-t-il ?

Il faut bien qu'il s'établisse un équilibre entre la quantité existante sur le marché et la quantité consommée : on ne peut pas consommer plus qu'il n'y a. Cet équilibre s'établit de la façon la plus simple : les prix montent jusqu'à ce que les consommateurs pauvres soient exclus et que par conséquent la demande soit limitée au petit nombre des consommateurs assez riches pour payer. S'il n'y a de pain que pour nourrir — prenons une hypothèse absurde — un homme sur dix, en ce cas celui des dix qui peut le payer le mange ; les neuf autres sont éliminés et meurent de faim — à moins qu'ils ne tuent le priviligié. C'est donc la surenchère qui rétablit l'équilibre entre la quantité offerte et la quantité consommée en faisant monter le prix jusqu'à un niveau suffisant pour que les consommateurs en excédent soient éliminés du marché.

En somme, qu'est-ce que la cherté ? c'est la surenchère sur des produits insuffisants faite par ceux qui ont le moyen d'acheter.

Quiconque a un certain sens de moralité ne peut pas accepter cette loi impitoyable de l'équilibre économique et surtout pas en temps de guerre, à une époque critique où il faut bien que le peuple, même pauvre, vive, puisqu'il faut bien qu'il se batte. Il faut donc que l'Etat intervienne. Il le peut, en limitant la part de chaque consommateur en proportion des quantités existant sur le marché. Dans l'hypothèse extrême que j'envisageais tout à l'heure, si la récolte est réduite au 1/10, chaque consommateur n'aura donc droit qu'à 1/10 de ration et de cette façon l'équilibre sera rétabli aussi mathématiquement que tout à l'heure ; seulement, au lieu d'être rétabli par la surenchère, il le sera par le rationnement.

La preuve que ce n'est pas impossible c'est que cela s'est fait. Vous savez quel a été le procédé employé. La quantité existante de la denrée déficitaire est évaluée et, par une simple division, on calcule la part disponible pour chaque consommateur. A chacun est remise une carte avec des coupons représentant ces rations, et

défense est faite à tout marchand de vendre à quiconque, riches ou pauvres, une quantité supérieure à
la ration indiquée sur la carte. Le coupon est détaché de
la carte et remis au marchand au moment de la livraison. Il y a eu des cartes pour le pain, pour le sucre,
pour l'essence, pour le pétrole. Mais on n'a pas jugé
utile de faire de même pour le vin, par exemple, qui
n'est pas un aliment indispensable et qui est un des
produits qui a le moins fait défaut.

Il y a bien eu certaines difficultés pratiques, mais le
système a tout de même fonctionné assez bien. Il faut
rendre cette justice à la population que tout le monde,
les riches comme les pauvres, a accepté ce rationnement
de bonne grâce et que rares ont été ceux qui ont
cherché à l'éluder. Et, en somme le système s'est montré
efficace puisque grâce à lui la crise déficitaire du blé,
du sucre, etc., a pu être heureusement traversée sans
que personne ait été privé du nécessaire. On peut donc
dire que c'est un des cas — un des cas extrêmement
rares — où l'intervention des pouvoirs publics dans le
domaine de la consommation a été efficace.

§ 3 — L'action des Municipalités

Les autorités municipales et préfectorales ont aussi
le droit de prendre des arrêtés de réglementation et
notamment de taxation sur certaines denrées. Mais le
mode d'intervention le plus intéressant est celui sous
forme d'installation de magasins de vente.

Pour lutter contre la cherté, la Ville de Paris ouvrit
des magasins dans les différents quartiers de Paris,
des boutiques désignées sous le nom de Baraques Vilgrain, du nom de celui qui était ministre à ce moment-
là et qui depuis a eu une fortune assez fâcheuse. Ces
baraques Vilgrain furent installées un peu partout ;
il y en a eu jusqu'à 168 dans Paris. Elles rendirent certainement des services à la population pauvre, je ne
dis pas à la classe bourgeoise parce que celle-ci consi-

dérait comme un déshonneur d'aller dans les baraques Vilgrain, ou du moins telle était l'opinion de leurs domestiques. Elles vendirent certainement à meilleur marché que les marchands et même que n'auraient pu le faire les coopératives.

On n'a jamais su exactement le chiffre des pertes, mais elles ont été évaluées par les uns à 120 millions, par les autres à 200 millions. Si donc cette institution a fait réaliser des économies aux consommateurs peu aisés, elle les a fait payer par les contribuables. Et pourtant ces baraques n'avaient à payer ni loyer ni impôts et les marchandises leur étaient fournies généralement par l'Etat dans des conditions très avantageuses. Il semble donc que si elles ne faisaient pas de bénéfices, elles auraient dû du moins ne pas faire de pertes. Celles-ci ne peuvent s'expliquer que par un déplorable coulage qui est le vice trop fréquent des administrations publiques.

Toutefois, il ne faut pas condamner les magasins municipaux sur cette seule expérience. Si elle n'a pas réussi à Paris, il y a des villes où les résultats ont été meilleurs. Dans certaines villes, à Montpellier, à Nîmes, les municipalités ont approvisionné la population dans des conditions avantageuses, sans faire de pertes et même en réalisant des bénéfices.

On peut même dire que cette expérience des magasins municipaux durant la guerre marque une ère nouvelle dans le droit public en France ; il y a eu là un évènement très important, car jusqu'alors le Conseil d'Etat avait toujours déclaré que ces entreprises étaient illégales, qu'il était absolument défendu à des municipalités de faire concurrence au commerce privé, et cette jurisprudence s'appuyait sur l'opinion de tous les économistes de l'école libérale. Pourquoi ? Parce que lorsqu'une Ville ouvre un magasin, il n'y a pas entre elle et le commerce libre ce que les Anglais appellent le *fair play*. En effet, s'il y a des pertes, le marchand doit les subir, tandis que la Ville s'en moque : elle les fait supporter

aux contribuables en inscrivant ces portes au budget
des dépenses.

En outre, la ville a pour elle le prestige de l'enseigne
municipale que n'ont pas les enseignes des magasins
privés.

De plus, quand la municipalité fait des portes qu'elle
doit faire supporter aux contribuables, il ne faut pas
oublier que parmi ces contribuables se trouvent précisément les commerçants auxquels elle a fait concurrence. Contribuables comme les autres, ces commerçants sont appelés à supporter une partie des portes que
la ville a faites en organisant la concurrence contre eux.
On ne peut donc nier qu'il n'y ait dans cette intervention des municipalités, sous forme commerciale, une
atteinte au principe de libre concurrence.

Mais comme beaucoup d'autres principes de l'économie politique, celui-ci a été peu à peu sapé par la force
des choses, c'est-à-dire par l'extension grandissante des
pouvoirs et des devoirs des municipalités ; et successivement les enterrements, les abattoirs, les halles et
marchés, les caisses d'épargne, les prêts sur gages, les
bureaux de placements, etc., sont rentrés dans leurs
attributions. Restait cependant interdit le commerce
d'alimentation, mais la guerre a renversé cette dernière
barrière.

Nous voyons tous les jours — ce matin encore dans
les journaux — quelque municipalité, estimant que les
bouchers abusent du public en vendant la viande trop
cher, ouvrir des boucheries municipales, pour revendre, au prix de revient, la viande qu'elles ont achetée (1).

Le législateur, lui-même, vient, par voie de décret,
d'abolir cette jurisprudence restrictive. En effet, le
décret du 28 décembre 1926, dit :

« Les communes et les syndicats de communes peuvent être autorisés, dans les conditions indiquées
par l'article 3 du présent décret, à *exploiter directement des services d'intérêt public à caractère industriel
et commercial.* »

« Sont considérées comme industrielles ou commer-
ciales les exploitations susceptibles d'être gérées par
des entreprises privées ».

Et nous verrons tout à l'heure que les municipalités
sont presque invitées à s'appuyer pour ces entreprises
sur les coopératives.

§ 4. — L'action des Coopératives de consommation

Si nous n'avons parlé jusqu'à présent que de l'action de l'Etat, c'est pour montrer combien est difficile la lutte contre la cherté, puisque même les pouvoirs publics sont généralement impuissants. Mais
reste à savoir si l'action privée, soit sous la forme de
sociétés coopératives de consommation, soit sous celle
plus simples de ligues de consommateurs, peut être plus
efficace, si du moins elle peut aider celle du gouvernement.

a) De quelle façon les sociétés de consommation
ont agi sur les prix durant la guerre.

En ce qui concerne les coopératives, il semble, à première vue, qu'elles ne peuvent faire que bien moins
encore que l'Etat. Il est évident que tous les moyens
coercitifs, ceux qui impliquent une sanction, leur font
défaut. Il ne peut être question pour elles, ni de remédier à la dépréciation de la monnaie en limitant l'émission de billets de banque, ni d'ouvrir ou de fermer les
barrières de douanes, ni de forcer les propriétaires à
cultiver les terres, ni de tarifer les prix, ni de poursuivre
les spéculateurs, ni d'établir des cartes de rationnement.

Alors, que peuvent-elles faire ?

Ce qu'il y a d'admirable c'est qu'elles n'ont besoin
de rien faire. Elles agissent par leur seule présence.
Elles n'ont qu'à rester ce qu'elles sont.

La coopérative de consommation est par elle-même,
et par définition, l'organisation la plus efficace contre

la cherté, contre l'exploitation des consommateurs, contre la majoration des prix, contre le profit illicite, contre la consommation déréglée.

Malheureusement, elles sont encore trop faibles et trop disséminées, pour que leur action sur le marché national soit efficace.

Mais si elles avaient été infiniment plus puissantes qu'elles ne sont, si elles avaient absorbé, ce qui est leur ambition, tout le commerce du pays, comme c'est déjà le cas dans certaines villes où tout le commerce aujourd'hui est entre les mains des coopératives, et où une partie même de l'industrie de fabrication est elle-même entre leurs mains, alors il ne serait pas besoin de l'intervention de l'Etat ; il n'y aurait qu'à laisser faire les coopératives.

La taxation que cherchent à établir les pouvoirs publics, les gouvernements, les préfets, les commissions de taxation instituées dans chaque département, avec mission de déterminer le juste prix — et elles ont fort à faire, car il est très difficile de déterminer le prix de revient des marchandises.

Cette taxation que l'Etat cherchait à imposer au commerce — et presque sans résultat — cette taxation existe d'elle-même, automatiquement, dans toute société coopérative de consommation. C'est elle-même qui taxe les produits au juste prix, c'est-à-dire à un prix qui doit être suffisant pour couvrir tous les frais généraux et pour que le commerce et la fabrication puisse continuer. Sans plus ; et, je le répète, s'il y a un trop-perçu à la fin de l'année, elle le restitue aux acheteurs, au prorata de leurs achats.

Nous avons parlé du barème établi par l'Etat pour permettre au consommateur de contrôler le prix de la viande, et aussi de « marchés-témoins », c'est-à-dire de magasins prenant l'engagement de vendre au prix indiqué par l'administration et désigné au public par une enseigne spéciale.

Eh bien ! là où il y a des coopératives de boucherie,

le barème est tout fait. Nous savons que les coopératives ne peuvent pas vendre à un prix inférieur au prix nécessaire, parce qu'elles feraient faillite. Mais nous savons aussi qu'elles ne vendent pas au-dessus du prix nécessaire, parce que tout ce qui le dépasserait serait restitué aux coopérateurs sous forme de ristournes.

Or l'élimination des profits doit se traduire par une grosse diminution de prix. Je sais bien que l'on enseigne en Economie politique que le profit n'entre pas dans les frais de production, mais que c'est ce qui reste quand les frais de production sont couverts. Oui, mais il n'en est pas moins payé par le consommateur et il est bien évident que s'il pouvait être supprimé, le prix de vente baisserait d'autant. Il est d'usage dans le commerce de détail de vendre certains articles sans bénéfice — le sucre généralement. Ces articles sacrifiés servent d'appat pour faire venir le client et lui passer les autres articles à gros bénéfices. Or vous savez que le principe même de la coopérative de consommation c'est la vente sans bénéfices.

On compte généralement que le bénéfice est de 10 %. Mais quelquefois il atteint 100 % et davantage. Il n'y a d'ailleurs, pour s'en rendre compte, qu'à voir quelles sont les fortunes que font un certain nombre de marchands, et comment, en trois ou quatre ans, un boucher, par exemple, peut revendre le fonds qu'il a acheté à un prix triple de celui qu'il a payé. Qu'est-ce qui fait cette plus-value ? Ce sont évidemment les profits donnés par ce fonds et escompté par l'acheteur.

Vous savez que l'Etat, dans tous les pays belligérants, a établi un impôt sur les bénéfices qu'on appelle les bénéfices de guerre, — hypothèse vraiment pénible qui suppose que la guerre puisse créer des bénéfices pour certains citoyens alors qu'elle en tue et en ruine tant d'autres ! Ces impôts sur les bénéfices de guerre représentent, en France, une quinzaine de milliards, et certainement ce n'est là qu'une bien faible partie des bénéfices réalisés. Si donc toute l'industrie, si tout le commerce, avaient été aux mains des coopératives, ces bénéfices n'auraient pas été prélevées sur le public et c'est peut-être par 40 ou 50 milliards que se seraient chiffrées les économies pour la Nation.

C'est ainsi que quoique les coopératives de consommation ne soient pas organisées pour la production, du moins en France, leur Comité d'action avait été appelé à créer des ateliers professionnels qui, par les conditions de travail qu'ils ont faites à leur personnel, ont été souvent présentées par l'Administration de la guerre comme des modèles à certains entrepreneurs capitalistes. Quand il a fallu, d'urgence, munir les soldats français de masques contre les gaz asphyxiants allemands, les ateliers professionnels en ont fourni et, comme un des directeurs du Magasin de Gros demandait à l'Intendance quel en serait le prix, le haut fonctionnaire lui répondit que l'administration s'en rapportait « à la loyauté et à la discrétion bien connues des ateliers professionnels ».

Ce ne fut pas seulement la taxation que pratiquèrent spontanément les coopératives, ce fut aussi, quand la pénurie de denrées le rendit nécessaire, le rationnement. En 1918, le préfet de la Loire reconnaissait que la coopération peut exercer un effet régulateur. « Alors que le client du commerce, dit-il, peut, avec de l'argent, se procurer, sauf pour les denrées contingentées, les quantités de produits qu'il désire, le coopérateur ne reçoit que la part proportionnelle au nombre de bouches qu'il a à nourrir, calculée sur l'importance des provisions à répartir. C'est ainsi que le vin a dû, dans la Loire, être rationné au chiffre de 8, 6 et parfois 4 litres par semaine. Il en a été de même, à certains moments, pour les légumes secs, la graisse et les pommes de terre. »

Les coopératives de consommation peuvent aussi agir sur la consommation en faisant l'éducation du consommateur. Nous avons vu dans le chapitre II, pp. 31-34, que c'est précisément ce qu'elles avaient fait dans les premiers jours de la guerre. Elles se sont efforcées d'abord de calmer la panique des consommateurs en les engageant à ne pas augmenter leurs achats et même en se refusant à leur livrer une quantité supérieure à leur consommation moyenne. Elles pourraient aussi, quoique j'avoue qu'elles ne l'ont point fait, diriger les achats de façon à les faire porter sur les produits relativement abondants et bon marché et à les détourner des produits raréfiés et en supprimant le colossal et si coûteux mensonge de la réclame.

Si maintenant, élargissant la question et ne la limitant plus à l'histoire de la guerre, nous nous demandons ce que pourraient faire les coopératives pour empêcher la cherté, en les supposant arrivées à un degré de développement suffisant pour contrôler le commerce, nous ferons remarquer qu'elles disposeraient de moyens assez puissants. Elles n'auraient pas de baguette magique pour multiplier les produits, mais elles pourraient du moins diminuer les frais de la production.

D'abord par la suppression du plus grand nombre possible des intermédiaires entre les producteurs et les consommateurs.

La cherté, au sens propre de ce mot, résulte très souvent de la multiplicité des mains entre lesquelles passe le produit, chaque intermédiaire majorant le prix du produit d'un pourcentage — nécessaire, dit-il, pour le faire vivre, mais on pourrait répondre par le mot fameux de Talleyrand à un solliciteur qui disait aussi : il faut bien que je vive ! et qui lui répondit : « Je n'en vois pas la nécessité. »

Aucune fonction sociale ne peut prétendre au droit de subsister dès le jour où elle peut être remplacée avantageusement pour le pays.

Cette action des intermédiaires sur les prix a été bien des fois mise en lumière, non seulement par des socialistes comme Fourier, qui a été un des premiers à l'illuminer, mais encore dans les journaux de chaque jour. Chaque jour ils contiennent quelque nouvelle anecdote : celle, par exemple, de ce paysan producteur de pommes de terre qui ayant vendu un sac de pommes de terre à 7 francs les 100 kilos, avait glissé dans l'un de ces tubercules une étiquette indiquant, avec son adresse, le prix auquel il avait vendu, avec prière pour celui entre les mains de qui arriverait cette pomme de terre, de lui faire connaître le prix auquel il l'aurait payée. Au bout de quelques mois, il reçut un avis de l'acheteur qui lui disait qu'il l'avait payé à raison de 70 francs les 100 kilos, ce qui faisait dix fois le prix primitif.

Ces intermédiaires ont pullulé plus que jamais pendant la guerre. Comme il suffisait, pour gagner de l'argent, d'avoir à vendre n'importe quoi, des gens qui n'étaient même pas commerçants professionnels achetaient un produit quelconque et le revendaient avec bénéfice.

Il y a une autre cause de cherté qu'une coopérative pourrait éviter, c'est la multiplicité inutile des établissements de vente. Il y a beaucoup trop de magasins dans toutes les villes : trop de boulangers, de bouchers, d'épiciers, de quincailliers, etc. C'est un luxe onéreux et identique à l'entretien d'un nombreux personnel domestique, comme c'était la mode autrefois et encore aujourd'hui dans l'aristocratie anglaise. Car les marchands sont, sans que cette qualification soit injurieuse, les domestiques des consommateurs ; ils se chargent d'aller chercher pour eux les provisions, ou autres fournitures que ceux-ci désirent. Une sage économie doit éliminer ce nombreux personnel. Par l'association coopérative, les consommateurs apprennent à s'en passer en faisant leur ménage eux-mêmes. —

Vous avez pu voir dans les journaux, ces jours-ci, que le dictateur italien Mussolini a été frappé de ce fait et a dit : « la cherté tient à ce qu'il y a trop de marchands ; nous allons en réduire le nombre, et désormais on ne pourra plus s'établir marchand sans une autorisation spéciale, de façon qu'au bout d'un certain temps le nombre des marchands sera réduit à un chiffre fixe comme le nombre des notaires, des agents de change, des avoués ». Mais avec une organisation coopérative généralisée, il ne serait pas besoin de recourir à ces mesures coercitives. Les sociétés coopératives n'ouvrent de magasins que là où c'est nécessaire et n'en ouvrent que le moins possible. Elles ont des succursales, mais qui ne sont pas multipliées au-delà des besoins. Ainsi elles peuvent arriver à desservir la population d'une ville avec un nombre d'employés très inférieur à celui du commerce privé, sous le régime de la libre concurrence.

Il faut indiquer encore les économies réalisées sur les frais de publicité. On n'a pas idée de ce que dépense le commerce privé en frais de réclames. Aux États-Unis, c'est par milliards de dollars que se chiffre la publicité chaque année, plus que la flotte ou l'armée et dix fois plus que les services de l'Instruction publique. Même en France, où cette débauche est moindre, il suffit de regarder, par exemple dans *L'Illustration*, combien de pages d'annonces sont employées chaque semaine à recommander tel ou tel article (1). Au reste, la plupart des journaux vivent des recettes des annonces plus que de celles des abonnements. Vous pensez bien que ce sont les consommateurs de ces produits qui paient cette publicité.

b) Pourquoi les résultats obtenus sont peu apparents.

On dira peut-être que les résultats obtenus par les

---

(1) Cette magnifique publication vient d'indiquer elle-même le rendement annuel de sa publicité : il est de 29 millions de francs.

sociétés de consommation, soit pendant la guerre, soit
à l'état normal, ne répondent guère à toutes ces anticipations. La différence entre les prix dans les magasins
coopératifs et ceux dans les magasins ordinaires est
bien modeste, parfois de 5 %, rarement de 10 %, et
c'est tout ce qu'on peut espérer.

Il est vrai qu'il faut considérer que les coopératives
de consommation font presque toujours participer leurs
acheteurs à leurs bénéfices et remboursent, sous forme
de ristournes ou « trop-perçus », comme on dit aussi,
3, 4, 5 % aux consommateurs, boni qui vient en déduction de ce qui a été payé comme prix d'achat. Eh bien,
5 ou 6% de moins sur le prix des produits, 5 ou 6%
de ristourne en fin d'année, cela fait une différence de
10 à 12%. C'est appréciable, mais ce n'est pas autant
qu'on aurait pu attendre (1).

Je le reconnais. Cependant il ne faut pas négliger
un autre aspect de la question qui est très important
quoi qu'on n'y pense pas généralement ; c'est que si
les prix des coopératives ne sont pas très inférieurs à
ceux des commerçants c'est peut-être parce que les
prix des magasins ordinaires ont déjà subi une baisse
par le fait de la seule présence de la société coopérative dans la localité ou dans le quartier ! Le freinage
exercé par toute coopérative sur les prix du commerce
est démontré par ce fait, constaté déjà je ne sais combien de fois, que lorsqu'on annonce qu'une coopérative
va s'ouvrir dans une ville on voit aussitôt les commerçants abaisser leurs prix. Et, à l'inverse, quand une coopérative meurt pour avoir été abandonnée par les sociétaires qui disaient : ce n'est pas la peine d'aller à la
coopérative, elle ne vend par meilleur marché que le
commerce — on voit aussitôt les commerçants relever
leurs prix.

____

(1) Une Enquête du Bureau International du Travail qui vient de
paraître confirme ces résultats. Les prix des coopératives dans les
villes où l'enquête a eu lieu sont inférieurs de 8 à 12 p. 100 à ceux du
commerce, mais ristourne comprise. Toutefois pour le pain et la
viande, la différence peut s'élever jusqu'à 20 et 25 p. 100.

Ainsi, partout où il y a des coopératives en nombre suffisant ce ne sont pas seulement leurs sociétaires qui ont bénéficié de leur présence, mais tous les habitants de toute la ville.

Les coopératives ont exercé ainsi dans un rayon plus ou moins étendu ce qu'on appelle une action potentielle, comme celle de la flotte anglaise pendant la guerre : embossée dans la baie de Scapa-Flow ,elle ne s'est jamais montrée, mais elle a tout de même gardé les mers, en empêchant la flotte allemande de sortir. Malheureusement, nous n'avons encore en France qu'un petit nombre de coopératives (3.000 à 4.000 coopératives pour plus de 30.000 communes) ; nombreuses les communes où elles n'existent pas, et même dans les villes où elles existent, elles sont encore trop peu importantes pour exercer cette action efficace sur les prix.

Enfin, il faut tenir compte de certains facteurs qui n'apparaissent pas dans les prix. Il est très possible que, dans la coopérative et dans le magasin commercial, les prix de deux denrées soient les mêmes, ou même que l'une semble plus chère que l'autre, et que néanmoins la plus chère en apparence soit en réalité à meilleur marché si, pour la marchandise à prix inférieur, il y a eu tricherie sur le poids ou sur la quantité, ce qui est un fait courant.

Par exemple, on n'a pas idée de ce que représente dans l'ensemble des prix cette majoration qui consiste simplement dans le poids du papier qu'on met dans la balance ! Et on sait combien il est fréquent que la même marchandise soit vendue à des prix différents, simplement parce qu'étiquetée comme de qualité différente, fine, extra-fine, superfine.

Les témoignages sur ce point sont nombreux, non seulement en France, mais en Allemagne, en Angleterre, en Suisse.

Voici le témoignage de quelques préfets durant la guerre :

« C'est surtout, semble-t-il, en favorisant le développement des coopératives de consommation que l'on peut améliorer le sort des ouvriers et des meuniers en particulier. » (Haute-Loire).

« Les exemples de coopératives fonctionnant déjà sont concluants pour les ouvriers et leur prouvent que ces organisations, non seulement vendent la plupart des denrées au-dessous du commerce, mais aussi opèrent comme régulateurs des cours. » (Saône-et-Loire).

« Il y a le plus grand intérêt à ravitailler régulièrement et dans de bonnes conditions et à contrôler, autant qu'il se peut, les très nombreuses coopératives de l'arrondissement dont l'autorité s'efforcera de seconder l'action bienfaisante tant au point de vue du ravitaillement que de la régularité des cours. » (Pas-de-Calais).

Au reste, je ne voudrais point donner à croire que les coopératives n'aient d'autre raison d'être que de réagir contre la hausse des prix : les sociétés coopératives de consommation ont pour but de créer un régime économique nouveau ; et la question de prix est une question secondaire, pour ceux du moins qui sont de vrais coopérateurs.

D'ailleurs ériger en principe la lutte contre la hausse des prix supposerait démontré que les prix élevés sont un mal. Or, il faut distinguer. La hausse des prix est un mal quand elle est la conséquence de l'insuffisance des produits sur le marché, ou encore de l'élévation du coût de production : c'est alors que la hausse des prix peut être qualifiée de cherté, ce mot de cherté impliquant l'insuffisance, l'indigence au sens étymologique du mot, c'est-à-dire le fait que les besoins sont en souffrance.

Mais les prix élevés ne supposent pas toujours la rareté et l'insuffisance de la production. Si on constate que les prix (en or) sont plus élevés aux Etats-Unis qu'en France, cela veut-il dire que les Etats-Unis soient moins riches que la France, qu'ils souffrent d'une pénurie quelconque ? Absolument pas : c'est l'inverse.

Dans ce cas, si les prix sont élevés cela tient à ce que les ressources de chaque consommateur, les salaires, les profits, sont plus élevés aussi. Cela tient à ce que chacun a plus de besoins mais, ayant aussi plus de moyens pour y pourvoir, consomme davantage. C'est un signe de richesse.

Parfois aussi, et c'est précisément le cas actuel, les prix élevés impliquent surtout une diminution du pouvoir d'achat de la monnaie. Mais, ceci même, est-ce un si grand mal qu'on le croit ? Non. L'histoire économique depuis mille ans nous montre une diminution constante du pouvoir d'achat de la monnaie, et par suite une hausse continuelle des prix, en sorte que cette hausse des prix apparaît plutôt comme caractéristique de progrès économique.

Sans doute, quand elle se produit brusquement, comme cela a été le cas en France depuis la guerre, elle amène alors des perturbations dans les situations de chacun, dans les budgets publics et privés. Il y a déséquilibre entre ce que chacun touche d'une part et ce qu'il dépense de l'autre. Mais c'est là une crise momentanée qui est bientôt oubliée quand l'équilibre est rétabli. Si dans quelques années l'ancien franc ne vaut plus que vingt centimes, et que dorénavant les prix soient stabilisés à cinq fois le taux d'avant la guerre, la nouvelle génération ne s'en préoccupera plus et personne ne songera à regretter les prix d'avant la guerre et à lutter pour les ressusciter.

Parmi les services, d'une autre nature que la diminution des prix, que les coopératives ont rendu à leurs membres durant la guerre il faut citer, tout au moins pour l'Allemagne, la protection de l'épargne. Les fonds déposés par les sociétaires ont subi nécessairement les conséquences de l'effondrement de la monnaie, mais beaucoup moins que les fonds prêtés à l'État, aux banques, aux particuliers : les coopératives ont pu donner à leurs membres jusqu'à 25 et même 50 % en marks-or,

alors que l'Etat n'a valorisé que dans la proportion de
5 à 15 %.

§ 5. — La collaboration des pouvoirs publics et des sociétés de consommation

Nous venons de voir que l'action des pouvoirs publics
n'avait guère été efficace, sinon sous forme de rationnement, et que celle des coopératives de consommation,
quoique ayant donné de meilleurs résultats, avait été
très limitée. Mais si chacun de ces deux facteurs agissant séparément ne peut faire grand chose, peut-être
pourraient-ils faire mieux en combinant leurs efforts ?

a) Collaboration avec l'Etat.

Voici les différentes formes de collaboration des
coopératives avec les pouvoirs publics :

1° Elles ont fonctionné comme organes de répartition.
Pendant la guerre, le gouvernement, en France, comme
dans presque tous les pays, exerçait un certain contrôle
sur les denrées les plus importantes. Il était naturel
qu'il pensât à prendre comme répartiteurs les sociétés
coopératives de consommation là où il s'en trouvait,
comme présentant plus de garanties pour le public que
les marchands, parce qu'elles ne cherchaient pas le
profit ; et, d'autre part, plus de compétence que des
commissionnaires ou fonctionnaires nommés par 'Etat
ou les municipalités.

J'ai indiqué, dans une des premières leçons de ce
cours, la part qu'elles avaient prises à l'introduction
de la viande frigorifiée dans la consommation, à la
suite d'une convention avec l'Etat pour la fourniture
de cette viande et avec la Ville de Paris pour l'installation des magasins de vente.

Je rappelle qu'elles ont aussi servi d'organes de répartition pour d'autres denrées, les pommes de terre et
surtout le charbon. Il était très difficile d'en fournir

à chacun une quantité à peu près suffisante. Nos mines de charbon les plus riches étaient aux mains de l'ennemi, les importations étant gênées par le blocus sous-marin. Il fallait, avec une production nationale réduite de moitié, fournir les quantités nécessaires pour la guerre, pour les transports, pour les usines et pour le chauffage de la population qu'on ne pouvait pas laisser mourir de froid. Le rationnement du charbon fut établi, mais il fallait aussi fixer les prix. L'Etat livrait aux marchands de détail le charbon au prix de 130 francs la tonne, avec ordre de le revendre 145 francs, estimant qu'une marge de 15 francs était suffisante. Mais un grand nombre de marchands refusèrent, disant qu'ils ne couvriraient pas leurs frais. Eh bien, les coopératives obtinrent qu'un grand nombre de magasins fussent mis à leur disposition pour répartir le charbon, et non seulement elles ne trouvèrent pas que la marge de 15 francs fut insuffisante mais même elles purent vendre au-dessous du prix fixé par l'Etat et faire bénéficier le public de réelles économies. Ce n'était pas pour la grande consommation, pour les maisons à chauffage central, qu'elles agissaient, mais pour les petites gens qui achetaient par 50 ou 100 kilos à la fois.

De même pour certains légumes secs, qu'elles se chargèrent de distribuer dans des conditions plus avantageuses que le commerce.

En ce qui concerne la taxation et le rationnement, quoique les coopératives n'admettent les moyens coercitifs que comme un pis aller, on peut dire qu'elles ont prêté leur concours à l'Etat pour l'application loyale de ces mesures, tandis que dans la plupart des magasins, on a cherché par tous les moyens, et souvent même avec la complicité des acheteurs, à tourner ces mesures. Les sociétés coopératives ne l'ont généralement pas fait ; et d'ailleurs la vente est sous le contrôle des sociétaires eux-mêmes qui se surveillent réciproquement d'une façon beaucoup plus efficace que ne peuvent le faire les clients d'une épicerie quelconque, qui sont les premiers venus, et ne se connaissent pas. Si, par exemple, sous le régime du rationnement, un client graisse la patte du marchand pour se faire livrer plus que la quantité marquée sur sa carte, personne n'en sait rien, tandis que dans une société coopérative cette fraude serait tout de suite dénoncée, parce que dans ces sociétés chacun est jalousement gardien de l'égalité.

Et même on a vu les coopératives demander l'extension de la taxe à certaines denrées, par exemple pour le vin. Les coopératives ont demandé que le vin fût taxé, tout au moins dans les quatre départements qui produisent le vin ordinaire, dit « vin du Midi » (les départements du Gard, de l'Hérault, de l'Aude et des Pyrénées-Orientales) (1). Le gouvernement n'avait pas voulu le taxer afin de ne pas susciter les colères des viticulteurs, qui sont une puissance au point de vue électoral, et aussi parce que le prix du vin varie d'une année à l'autre dans des proportions si considérables qu'il est non seulement bien difficile mais injuste de fixer un prix normal ; en effet, si on le taxe dans les années de cherté, le viticulteur ne pourra plus trouver une compensation dans les années où il vend son vin à perte — ou alors il faudrait que le gouvernement lui garantisse le remboursement de la moins-value.

(1) Le Congrès de 1918 demande : « que les denrées raréfiées soient généralement *réquisitionnées* par l'État et réparties suivant un système de *contingentement déjà éprouvé*, la taxation n'étant susceptible dans ce cas de jouer un rôle dans la diminution des prix que si elle est appliquée à des denrées régulièrement contingentées.

« Il y a cependant des produits sinon abondants, du moins en suffisance, dont la cherté ne s'explique que par le désir illicite de spéculation et les difficultés de transport et de matériel occasionnées et souvent excusées par le fait de la guerre.

« Le Congrès constate que le vin, par exemple, contrairement à beaucoup d'autres denrées, ne manque pas et que la hausse est produite par les exigences des producteurs à la propriété, des intermédiaires négociants et l'insuffisance des wagons-réservoirs mis à la disposition des organes désintéressés.

« Le Congrès demande donc la *taxation* à la production dans les quatre départements gros producteurs de façon à ramener le prix de base à des prix normaux, que, sur les wagons-réservoirs réquisitionnés, un certain nombre soient mis à la disposition de l'organisation coopérative à titre permanent et non à titre temporaire et que le gouvernement exige que les Compagnies de chemins de fer construisent des wagons-réservoirs pour éviter la spéculation qui en est faite par leurs détenteurs. »

Je dois dire cependant, pour être sincère, qu'on a signalé quelques condamnations de coopératives de consommation pour avoir vendu au-dessus de la taxe.

Nous n'avons pas la prétention de dire que les coopératives ne se composent que de saints, mais tout est relatif et il faudrait faire le compte du nombre de condamnations qui ont été prononcées contre les marchands et comparses. Puis il faut se rappeler le fait que je viens de signaler : les coopératives sont des maisons de verre, les regards indiscrets y pénètrent à l'aise, et leurs ennemis sont nombreux.

Il faut dire aussi qu'un certain nombre de coopératives n'ont pas cru enfreindre la loi en vendant au-dessus de la taxe, par cette raison qu'elles restituaient à l'acheteur, sous forme de ristourne, le trop-perçu. Ainsi, si elles vendaient 10 % au-dessus de la taxe et qu'elles restituassent 10 % à l'acheteur, elles se croyaient en règle.

Au point de vue de l'équité, en effet, cette thèse peut bien se défendre, mais au point de vue juridique, elles ne l'était pas, et quelques condamnations ont été encourues de ce chef.

b) *Subventions de l'Etat.*

Tous ces résultats sont peu de choses, sans doute, mais ce n'est pas la faute des coopératives si elles n'ont pas fait davantage. Elles ont dit aux pouvoirs publics : donnez-nous de l'argent et nous nous chargeons de ravitailler le public beaucoup plus économiquement. Elles ont demandé 100 millions. Au congrès de 1918 elles ont voté la motion suivante qui a été envoyée au Ministre du Ravitaillement :

« La Fédération Nationale des Coopératives de Consommation est prête avec ses 2.500 sociétés groupant 1 million de familles, et faisant 1 milliard et demi d'affaires, à apporter son concours dans la lutte contre la cherté de la vie. L'aide qui pourrait être apportée en ce sens aux coopératives consisterait à leur permettre d'être partout, par leurs succursales et en toutes branches d'activité économique, les boutiques témoins des prix auxquels doivent être régulièrement vendus produits ou marchandises.

« La Fédération Nationale des Coopératives de Consommation pense qu'elle pourrait utilement servir l'intérêt public si, dès maintenant, il était mis à sa disposition 100 millions, pour établir :

« 1° des *boulangeries* industrielles utilisant à leur maximum et avec leur plein rendement les farines.

« 2° des *boucheries* faites suivant les modèles américains et installées surtout dans les grands centres et s'appuyant sur des abattoirs industriels faits non pas pour la recherche du profit privé, mais pour l'intérêt général.

« 3° multiplier les boutiques spéciales de vente de *poisson*, complétées par l'organisation de transports et par l'organisation rationnelle de la pêche.

« Pour que ces 100 millions puissent produire une action utile et générale, il faut que ces fonds puissent, par exemple, être joints au fonds de dotation de 2 millions, géré à l'heure actuelle par le Ministère du Travail. Il faut en outre que ces 100 millions soient accordés dans des conditions plus larges que celles prévues par la loi de 1917, c'est-à-dire sans certaines restrictions administratives ou juridiques. »

Cette demande de 100 millions rappelle un précédent historique célèbre : en Allemagne, dans les dernières décades du siècle précédent, alors qu'un tribun socialiste, le rival de Karl Marx, Lassalle, demanda à l'Etat 100 millions — non de francs, mais de thalers, ce qui faisait 375 millions de francs-or — pour subventionner les coopératives. Mais c'étaient des coopératives de production. Avec cela, il se chargeait, disait-il, de résoudre la question sociale. On ne les lui donna pas. Le Gouvernement français n'a pas non plus donné les 100 millions que demandaient les coopératives de consommation (c'était 100 millions vrais, le franc étant encore presqu'au pair à cette date). Peut-être les aurait-il donnés s'il avait eu toute liberté ; mais il aurait provoqué les protestations les plus violentes du commerce privé s'il avait prélevé sur le budget 100 millions pour des entreprises qui sont en somme des entreprises privées, malgré le caractère humanitaire auquel elles prétendent, avec juste raison.

L'Etat accorda tout de même une subvention en 1917 ; il institua un petit fonds de 2 millions, utilisé sous forme d'avances qui doivent être remboursées et qui le sont en effet, ce qui fait que le fonds se renouvelle constamment et les sommes servent pour d'autres sociétés.

Et pour rétablir l'équilibre et apaiser les réclamations

des commerçants, il a institué aussi un fonds de 20 millions pour avances aux petits commerçants privés.

Cette loi de 1917 qui a institué ce crédit de 2 millions a une grande importance dans l'histoire coopérative, non à raison de la dotation des deux millions, mais parce que cette loi a fixé les caractères et par là la définition de ce que doit être une vraie société coopérative de consommation. N'ont droit en effet à cette avance que les sociétés qui se sont conformées à ces règles (1).

Et voici les conditions exigées qui définissent la société coopérative de consommation.

1° Le capital ne doit toucher aucun profit, mais seulement un intérêt qui ne peut dépasser 6 %. Les bénéfices ne devront jamais être distribués au capital, mais ne pourront être affectés qu'à l'un ou l'autre de ces deux emplois : ou distribués aux acheteurs au prorata le leurs achats — ou consacrés à des œuvres d'utilité publique.

2° Chaque actionnaire doit avoir une voix à l'assemblée générale, jamais moins, jamais plus, quel que soit le nombre des actions qu'il possède. Ceci, afin d'établir l'égalité absolue et d'exclure toute prédominance du capital dans la direction.

3° La société doit rester toujours ouverte à qui veut y entrer, à la condition de souscrire une action. Le montant de l'action ne doit jamais dépasser 100 francs et tout sociétaire à toujours le droit de ne verser que le quart, c'est-à-dire 25 francs, moyennant quoi il devient immédiatement sociétaire.

Telles sont les caractères d'une constitution véritablement démocratique, définis par la loi de 1917, et qui

---

(1) Toutefois cette loi ne s'appliquant pas aux coopératives qui ne demandent pas d'avances, n'a pas un caractère général et une loi organique de la Coopération n'existe point encore en France, alors qu'elle existe déjà dans la plupart des pays, même au Mexique et bientôt en Espagne et dans la République Argentine. Ce projet de loi est cependant en préparation.

servent à distinguer les sociétés coopératives des sociétés capitalistes.

Mais surtout la collaboration entre les pouvoirs publics et les coopératives s'est manifestée sous la forme d'un désaveu du grand principe de non intervention de l'Etat, enseigné par l'école économique libérale. Au Congrès de 1918, l'ordre du jour que voici, fut voté :

« Le Congrès, en présence de l'organisation réalisée ou projetée d'institutions municipales de ravitaillement dans les villes de province, par la collaboration et l'action concertée des municipalités et des Coopératives de consommation,

Déclare qu'il n'y a aucune opposition ni d'intérêts, ni de principe, entre les coopératives de consommation et les entreprises municipales organisées, dans le but de satisfaire aux besoins des consommateurs.

Mais les Coopératives de consommation, fortes de leur expérience d'institutions d'intérêt général, gérées selon les règles de l'économie privée, affirment :

Que l'intérêt commun des consommateurs et des contribuables ne sera sauvegardé que si les entreprises municipales de ravitaillement adoptent pour leur gestion les méthodes commerciales et organisent leur comptabilité de façon à faire apparaître les résultats de leur exploitation sans dissimulation d'aucunes charges immédiates ou lointaines ;

Le Congrès émet donc le vœu que soit adoptée dans le plus bref délai la proposition de loi déposée par Albert Thomas, au nom de l'Office technique de la Fédération Nationale des Coopératives, et tendant à autoriser les communes ou les départements à créer des Offices publics d'approvisionnement dotés de la personnalité civile sur le type amélioré des Offices publics d'habitations à bon marché.

Le Congrès déclare, au surplus, que les municipalités peuvent, dès maintenant, trouver dans les Coopératives de consommation les organes de gestion désintéressés offrant toutes les garanties désirables de contrôle et de responsabilité, qui leur permettront de mettre l'action publique au service de la masse des consommateurs ».

Le gouvernement vient précisément de promulguer un décret qui répond à cet appel, après huit ans de délai. Ce décret, du 5 novembre 1926, autorise, en effet, les municipalités à inscrire à leur ordre du jour (article 10):

L'intervention des communes, notamment *par voie d'exploitation directe* ou par simple participation financière, *dans les entre-*

prises, même de forme coopérative ou commerciale, ayant pour objet le fonctionnement des services publics, *le ravitaillement et le logement* de la population, *les œuvres d'assistance, d'hygiène et de prévoyance sociales*, ou les réalisations d'améliorations urbaines.

Ce vœu du Congrès Coopératif demande pourtant quelques explications, car si on comprend facilement que les coopératives voient avec plaisir les municipalités faire appel à leur concours, il semble qu'il devrait en être autrement quand il s'agit de créer en face d'elles des régies purement municipales. Cette adhésion empressée peut surprendre, car, d'une part, les coopératives répugnent à toutes les mesures qui ont un caractère coercitif, obligatoire, et d'autre part, les entreprises municipales, telles que boulangeries, boucheries, etc., leur font concurrence tout autant qu'aux commerçants.

Oui, mais quand les coopératives demandent l'intervention de l'Etat et des municipalités dans le domaine économique, ce n'est point sous la vieille forme bureaucratique, c'est sous une forme autonome et qui transforme la régie municipale ou étatiste en régie coopérative.

Voilà pourquoi le même Congrès des Coopératives de 1918 avait dit :

« Le Congrès émet le vœu que soit adoptée dans le plus bref délai, la proposition d'Albert Thomas, tendant à autoriser les communes ou les départements, à créer des Offices publics d'approvisionnement, dotés de la personnalité civile, sur le type des Offices publics d'habitations à bon marché ».

En effet, nous avions déjà, en France, ce nouveau genre d'institution depuis la guerre, mais seulement pour les habitations. Il a été créé déjà, dans la plupart des grandes villes, des Offices spéciaux qui sont chargés de s'occuper de la construction de maisons, de l'aménagement d'habitations pour la population. Eh bien ce que les coopératives demandent c'est qu'il y ait, à côté de ces Offices d'habitations, des Offices d'approvisionnement.

En Italie, ces établissements existent depuis long-temps, et en grand nombre, sous le nom de *Ente Auto-nomi*. Ce sont des institutions qui, comme dit leur nom, sont autonomes, c'est-à-dire qui se gouvernent elles-mêmes, qui ont leur propre budget, mais qui ne sont composées que pour une petite minorité de représentants de la municipalité, et, pour la plus grande partie, de représentants des coopératives, des œuvres philan-thropiques, et des personnalités les mieux qualifiées pour s'occuper des intérêts publics et des classes popu-laires. Ces institutions se distinguent donc à la fois des régimes étatiste et municipal par l'absence de toute préoccupation politique et électorale et par la compé-tence technique; — des entreprises privées par l'absence de tout esprit de lucre. Et le fait qu'elles ont leur propre budget ne leur permet pas de dissimuler leurs pertes ou leurs bénéfices dans la masse du budget municipal ou d'Etat.

Sous cette forme nouvelle, purement économique et dépouillée de tout caractère politique, la municipalité apparaît comme une véritable société coopérative de consommation : car qu'est-ce qu'un Office municipal institué pour pourvoir à certains besoins urgents de la population ? C'est tout simplement une coopérative ouverte, avec cette seule différence que tous les habi-tants de la commune en sont membres d'office et sans avoir à souscrire d'actions.

d) *De la représentation des consommateurs dans la gestion des services publics.*

Il faut indiquer un troisième mode de collaboration des coopératives avec les pouvoirs publics. C'est lors-que les coopératives de consommation s'affirment non plus simplement comme représentant les intérêts de leurs sociétaires, mais comme représentant l'ensem-ble des consommateurs.

De quel droit, dira-t-on, puisque ces coopératives ne

représentent en aucun pays, la totalité ni même la majorité des consommateurs ? — Du droit qu'ont ceux qui sont organisés à représenter les intérêts de ceux qui ne le sont pas, de la masse passive. Elles sont la voix de cette « grande foule muette » dont parlait le président Wilson.

C'est ainsi que les syndicats ont la prétention de parler au nom de la classe ouvrière, alors même qu'ils ne comptent dans leurs rangs qu'une minorité, parfois même une faible fraction, des ouvriers de l'industrie qu'ils représentent, et qu'ils n'aient point reçu de mandat formel.

Il y a toutefois cette différence entre les coopératives de consommation et les syndicats que ceux-ci ne représentent que la classe ouvrière, tandis que les coopératives représentent tout le monde, car il n'y a aucune personne, aucun être vivant qui dès la naissance et jusqu'à la mort ne soit consommateur. C'est pourquoi elles peuvent se dire les organes de l'intérêt public, aussi bien que l'Etat lui-même.

Cette réclamation, qui aurait paru tout à fait impertinente il y a dix ans, est aujourd'hui généralement écoutée et ce n'est pas un des moindres changements dûs à la guerre.

De plus en plus, l'Etat, chaque fois qu'il y a à étudier quelque question d'intérêt général, accorde une place à la Fédération Coopérative, comme représentant l'ensemble des consommateurs.

D'abord, il a institué le *Conseil supérieur de la Coopération*, le 27 février 1918, alors que la guerre n'était pas finie.

De même que le Conseil supérieur du Travail, auquel il est en quelque sorte symétrique, le Conseil supérieur de la Coopération a pour but d'étudier tous les projets de loi qui peuvent intéresser les coopérateurs et aussi les consommateurs en général. Il est vrai que, par une anomalie bizarre, ce Conseil représente non seulement les coopératives de consommation mais aussi les coopératives de production.

Toutes les fois que d'autres Conseils ont été créés, les coopératives de consommation ont réclamé une place spéciale, un représentant des Coopératives: par exemple, dans le Conseil supérieur du Travail, dans le Comité consultatif des Chemins de fer, dans le grand Conseil National Economique, etc. (1). Le gouvernement en a si bien pris l'habitude qu'aujourd'hui il la leur offre spontanément, même dans des Comités où elles n'ont guère de raison d'être, par exemple dans la Caisse d'Amortissement pour la Dette publique, dans la Caisse pour recevoir les souscriptions facultatives pour le trésor, etc.

Les coopératives ont de plus grandes ambitions encore pour l'avenir : et cette fois non pas seulement pour elles-mêmes et leurs membres, mais pour tous les consommateurs. Elles ont demandé que tous les consommateurs soient appelés à participer aux concessions de services publics ; c'est-à-dire que quand l'Etat concède de grandes entreprises, qu'on appelle des services publics — gaz, tramways, eaux — ou même d'autres qui ont un peu moins ce caractère de service public, telles que mines, houille blanche, exploitation des mines de potasse en Alsace, utilisation de la force motrice du Rhône, etc. — on donne une place dans le conseil d'administration à ceux qu'on nomme les « usagers », c'est-à-dire à ceux pour les besoins de qui le service est créé et qui auront à l'utiliser.

Car c'est un fait bien remarquable que de tout temps, quand on créait un service public, on négligeait de consulter ceux qui seraient appelés à s'en servir. On consultait les entrepreneurs chargés de la construction, c'est-à-dire ceux *par qui* serait exécuté le travail et qui auraient à tirer profit de l'entreprise, mais non ceux *pour qui* il était fait.

<hr>

(1) Dans la Conférence Economique Internationale réunie à Genève en mai 1927, sous le patronage de la Société des Nations, la Coopération a obtenu une nombreuse représentation parmi les délégués et les experts de plusieurs nations.

Mais on commence aujourd'hui à regarder du côté opposé, et c'est là un changement de pôles, une révolution ! ainsi que, depuis quelques années, dans certaines grandes concessions l'Etat a fait une place aux usagers. Ainsi pour l'exploitation des fameuses mines de potasse d'Alsace, l'Etat, en concédant l'exploitation, a réservé une place dans le contrôle à ceux qui sont appelés à consommer cette potasse, agriculteurs ou industriels.

De même, dans une entreprise encore plus grandiose mais qui n'est encore que sur le papier, pour l'électrification du Rhône, on a réservé également une place à ceux qui seront appelés à consommer l'énergie électrique, aux villes qui l'utiliseront sous forme de lumière, aux usines sous forme de force motrice (1).

Indiquons encore un dernier mode de collaboration.

Avant la guerre, la Ligue des consommateurs avait demandé au gouvernement l'institution d'un Office de Statistique ayant pour objet de renseigner le public sur les quantités existantes de marchandises dans le monde et sur le prix des denrées, afin de renseigner les consommateurs et de ne pas les laisser, comme il est actuellement, à la merci des marchands, des commerçants, des industriels, des fabricants (2).

----

(1) Voyez le livre de Bernard Lavergne, *L'Ordre Coopératif*, pour tous renseignements sur ces nouvelles formes de participation de l'Etat et des usagers.

(2) Voici le texte de la note remise au Gouvernement :
« En ce qui concerne la stabilisation des prix, qui est tout particulièrement du domaine des coopératives de consommation, la Fédération Nationale des Coopératives pense :
« 1° Que les consommateurs doivent avoir la connaissance la plus complète des quantités de marchandises et des stocks existant pour chaque matière, et que le prix de ces marchandises doit pouvoir être suivi depuis leur lieu d'origine ou d'importation jusqu'au consommateur lui-même, la Fédération Nationale préconise donc *l'établissement immédiat d'un Office National et International de statistique des besoins, des ressources et des prix,* transformant et complétant les organismes pouvant déjà exister.
« 2° Il faut que des stocks de marchandises puissent être mis à la disposition des consommateurs là où les prix semblent anormaux et que, pour cela, *soit immédiatement voté le projet de loi instituant des*

Le consommateur ne sait rien du prix des choses ; il ignore, par exemple, qu'à certains moments (comme c'est le cas à l'heure actuelle pour le café) il y a sur le marché des quantités considérables de telle ou telle marchandise dont les prix baisseraient certainement si l'offre et la demande jouaient librement. Mais les producteurs les dissimulent ou s'abstiennent de mettre en vente le prop-plein de ces produits et les emmagasinent, afin de les « valoriser », c'est le mot usité ; c'est-à-dire qu'on restreint actuellement la production du café, du coton ou du caoutchouc, afin de faire monter artificiellement les prix. S'il y avait un Office qui renseignât le public sur l'offre et la demande sur le marché mondial, il y aurait là un facteur de baisse probablement efficace.

La Fédération des Coopératives a demandé aussi qu'il y eût des Offices régionaux ou départementaux pour indiquer quel est le coût de la vie, quel est le prix général des denrées ; et, s'il y a hausse, pour évaluer autant que possible les prix de revient et permettre au public, à défaut d'une taxation officielle, de savoir les prix qu'il doit payer (1).

Or ces institutions excellentes ont été réalisées. Il y a aujourd'hui, en effet, un Office National, et il y a dans chaque département une Commission chargée d'établir et de publier le coût de la vie. Les chiffres sont publiés dans le Bulletin de la Statistique générale.

Je ne vous dirai pas que beaucoup de gens les lisent,

Offices publics d'alimentation communaux et départementaux chargés de suivre le ravitaillement et de préconiser toutes mesures pour mettre à la disposition des consommateurs des marchandises au juste prix, mais il faut renoncer à toute politique de ravitaillement qui consisterait à donner ces marchandises à des prix anormaux aux consommateurs.

« 3° *Il faut que le régime des importations soit sous le contrôle d'un Consortium public* et que celui-ci, au besoin, puisse être rattaché à un organisme international de ravitaillement. »

(1) Le gouvernement a donné une certaine satisfaction à ce vœu par un décret du 29 février 1920 en instituant une Commission interministérielle « chargée de suivre les variations des cours, de constater périodiquement leur répercussion sur les éléments essentiels du coût de la vie, de rechercher les causes des variations qu'elle aura relevées

mais on le pourrait si on le voulait. En tous cas il y
a aujourd'hui, pour les consommateurs, des moyens de
se renseigner qui n'existaient pas avant la guerre et
qui peuvent permettre de tenir en bride, dans une certaine mesure, l'exploitation du public par les intermédiaires.

Enfin tout récemment une loi a constitué un Office
Central des Céréales. Quoique cet Office soit loin d'être
la réalisation de celui qu'avait réclamé les Coopératives
et particulièrement le rapport présenté l'année dernière
à propos de l'importation des céréales, il est une étape
dans ce sens.

La première question qui est venue en discussion,
la plus importante, a été celle des droits de douane.
Une proposition a été votée par le Conseil, autorisant
le Ministre à lever les droits de douane sur les blés si
la situation économique était telle que les prix du blé
dépassent le prix de revient normal réclamé par les
agriculteurs pour utilement produire.

C'est l'Office des céréales qui, pour faire face au
déficit de l'importation, a indiqué au Ministre les mesures nécessaires pour l'augmentation du coefficient des
succédanés, augmentation du taux de blutage.

Le Ministre du Commerce a décidé, au mois de septembre 1920, de constituer un *Comité technique de
l'Alimentation*. Une section spéciale a été créée pour
la répartition au détail et le Secrétaire de la Fédération
Coopérative a été appelé à en faire partie.

Le Comité technique de l'Alimentation a mis à son
ordre du jour l'étude d'un *Bureau de documentation
économique et des prix*, office qui a été institué avec
le concours des différents organismes représentés.

Ce Bureau est la consécration même d'une idée
défendue depuis longtemps par la Fédération Coopé-

---

et de proposer les mesures que ses constatations lui paraîtraient
appeler. »

De plus, le même décret de 1920 a prévu la création de Commissions régionales dont, de temps en temps, on publie les statistiques
et les mercuriales.

rative et il avait déjà été réclamé par elle tant au Conseil Supérieur de la Coopération qu'au Comité Consultatif du Commerce et de l'Industrie. Cet Office sera à la disposition de toutes les organisations adhérentes et même de tous les consommateurs pour suivre la vie économique, l'évolution des prix, la production et la consommation des denrées et marchandises tant en France qu'à l'étranger.

Le Bureau de documentation économique et des prix a commencé à fonctionner officiellement le 1er Janvier 1027.

CHAPITRE V.

LES COOPERATIVES DANS LES USINES DE GUERRE.

Les Coopératives ont participé volontairement à la mobilisation en ce sens qu'elles ont « servi » dans les usines de guerre et même au front.

Voyons d'abord leur rôle dans les usines de guerre.

§ 1. — L'effort industriel durant la guerre. La hausse des salaires

Je n'ai pas besoin de vous rappeler quelle a été l'activité industrielle pendant la guerre et quels efforts incroyables ont été demandés au pays. Vous savez que l'on n'avait absolument pas prévu quelle serait la consommation de munitions et d'armes de guerre : on fut pris au dépourvu. Si, après la victoire de la Marne, on ne pût repousser plus avant l'ennemi, ce qui aurait peut-être permis de terminer la guerre beaucoup plus tôt, ce fût faute de munitions : elles avaient été complètement épuisées par la bataille.

On n'avait produit au mois d'août 1014 que 5.000 obus par jour, alors que le commandement en demandait 100.000.

Au mois de janvier 1015, on arriva à 65.000 obus par jour et au mois de juillet 1015 la production s'éleva à 113.000 par jour. Il a donc fallu attendre près d'un an pour arriver au chiffre demandé.

Pour la défense de Verdun, fin mai 1916, on demanda 200.000 obus de 75 et 50.000 de 155 par jour !

Il en a été de même pour toutes les armes, pour les canons lourds notamment, mais je n'entre pas dans plus de détails, nous n'avons pas à faire ici une histoire de la guerre.

Il fallut donc faire appel à toutes les ressources industrielles du pays, et la difficulté fut d'autant plus grande que les départements du Nord étaient envahis et c'est là que se trouvaient les centres industriels les plus importants et aussi les plus riches de nos mines de fer et de charbon.

Cet effort industriel n'était pas seulement nécessaire pour la fabrication des armes et des munitions, mais de toutes choses : il fallait produire des uniformes, des chaussures, pour des millions d'hommes, et les renouveler sans cesse, non seulement parce que vêtements et chaussures se détruisaient très vite dans les tranchées mais aussi parce qu'on fût obligé d'abandonner les anciens uniformes qui n'étaient plus adaptés aux besoins de la guerre moderne. Dans les premiers mois de la guerre, on vit des uniformes de toutes couleurs, depuis le bleu foncé jusqu'au « bleu horizon », et aussi le kaki. Et notez qu'il était d'autant plus difficile d'obtenir ces couleurs que jusqu'alors les teintures étaient produites par les Allemands. Ce fut grâce aux séquestres des maisons allemandes, qui furent ordonnées tout de suite après la déclaration de guerre, qu'on put mettre la main sur un certain nombre de produits chimiques.

Au fur et à mesure que la guerre se prolongea, l'effort industriel dût redoubler parce que la France eût à fournir des armes et des munitions, non seulement à son armée, mais aux armées alliées : anglaise, américaine, russe, et plus tard polonaise.

Il fallut donc naturellement faire appel à la bonne volonté des ouvriers. Si la classe ouvrière s'était dérobée, ou si elle avait mis de la mauvaise volonté, comme on l'avait annoncé avant la guerre, cette tâche eût été certainement impossible. C'est pourquoi on prit pour Ministre de l'Armement, le Ministère le plus lourd à ce moment-là, un socialiste syndicaliste, disciple de Jaurès, Albert Thomas, dans la pensée précisément qu'il pourrait obtenir un plus grand effort de la sympathie de la classe ouvrière. On ne se trompa pas. Non seulement Albert Thomas, grâce aussi à l'appui de Jouhaux qui, dès les premiers jours de guerre, sur la tombe de Jaurès, avait juré fidélité à la Défense Nationale, obtint de la classe ouvrière un concours qui se maintint jusqu'au bout, presque sans grèves, mais il montra des qualités d'organisation qui étaient inattendues et montrèrent que les socialistes, contrairement à ce qu'on croit souvent, ne sont pas du tout des anarchistes ; ils ont le sentiment très net de la nécessité de l'organisation.

On a reproché à Albert Thomas d'avoir payé trop cher ce concours par une élévation exagérée, ou du moins prématurée, des salaires, laquelle aurait déclenché la hausse générale des prix. Cependant, chose curieuse, c'est précisément quand il quitta le ministère qu'on vit se produire la plus forte augmentation de salaires.

Nombreux ceux qui pensaient et pensent encore aujourd'hui qu'on aurait pu obtenir cet effort des ouvriers simplement par une conscription du travail. Il semble bien que des ouvriers qui, au lieu d'aller au front, étaient mobilisés dans les usines, et qui évitaient ainsi la mort et tout au moins les terribles misères des tranchées, auraient dû se tenir pour satisfaits de travailler pour rien, c'est-à-dire au même prix que leurs camarades sur le front, la nourriture, l'entretien et la mesquine solde de 5 sous par jour, et encore s'estimer très privilégiés de travailler dans ces conditions-là.

On a bien essayé au début, notamment pour la fabrication des avions, de faire travailler les ouvriers mobi-

lisés comme de simples soldats, mais l'expérience a été
désastreuse : ces soldats-ouvriers ne faisaient rien.

Comme on l'a dit, si l'héroïsme ne se paye pas, le
travail, lui, se fait payer. On peut obtenir assez facilement d'un homme qu'il se fasse tuer gratis, mais non
de travailler gratuitement. Et cela est vrai des chefs
d'industrie aussi bien que des ouvriers.

Sans doute il est peu honorable pour la nature
humaine d'avoir à constater que, même dans une
catastrophe publique, on ne puisse obtenir un travail
consciencieux sans argent ou sans profit ; mais tel est
pourtant le cas. Il fallut donc payer les ouvriers de
guerre et les payer au plus haut prix.

Il y a cependant quelques circonstances atténuantes
à faire valoir.

D'abord, en ce qui concerne l'Etat, il ne perdait pas
grand chose à payer largement ces ouvriers, car il ne
faut pas croire que les soldats au front coûtaient peu de
chose.

L'entretien d'un soldat, même à ce moment-là, au
début de la guerre, revenait à plus de 5 francs par
jour, 5 fr. 50 exactement, et il fallait compter en outre
les allocations de famille, ce qui doublait souvent ce
chiffre. Or, au début de la guerre les salaires, même
augmentés, ne dépassaient guère ce chiffre. Naturellement, quand le soldat était rappelé à l'usine et redeve-
nait ouvrier, l'allocation de famille était supprimée :
la famille vivait sur le salaire du chef de famille. Ce
n'était donc pas, au point de vue du budget, une aussi
grande charge qu'on pourrait le penser, mais souvent
une économie.

D'autre part, au point de vue de l'ouvrier, si on peut,
au premier abord, s'étonner et même s'indigner qu'ils
n'aient pas été disposés à fournir gratis tout leur
effort pour la défense nationale, il faut considérer que
ces hommes, rappelés des tranchées à raison de leurs
capacités techniques, ne travaillaient pas seuls dans les
usines. Ils travaillaient avec des ouvriers qui n'avaient

pas été mobilisés, avec des femmes, avec des jeunes
gens n'ayant pas l'âge du service militaire, ou ouvriers
âgés qui l'avaient dépassé. Aurait-il été possible d'avoir
dans la même fabrique des ouvriers, les meilleurs, les
ouvriers qualifiés, ne touchant que leur solde, à côté
d'autres ouvriers beaucoup moins capables et qui auraient reçu le plein salaire ? Ce n'était vraiment pas possible. L'effort à demander à la conscience de l'ouvrier
mobilisé eût été alors surhumain. Dira-t-on qu'on aurait
pu caserner, enfermer ces ouvriers mobilisés pour les
faire travailler seuls, et leur éviter tout contact avec les
ouvriers civils ? Mais la nature des travaux des usines
ne permettait pas cette séparation entre les différentes
catégories de travailleurs. Et d'ailleurs ce n'est pas cette
claustration qui les eût empêchés de comparer leur
salaire à ceux des autres ouvriers.

Il y avait une autre objection, et encore plus forte :
c'est que ces ouvriers rappelés aux usines ne travaillaient pas tous dans les usines de l'Etat, mais beaucoup
plus dans les entreprises privées, et alors si l'on avait
fait travailler ces ouvriers à bas prix, on aurait augmenté d'autant les profits des patrons !

Enfin si l'on avait réquisitionné le travail des ouvriers,
il eût été juste de réquisitionner aussi le travail et les
capitaux des patrons, et leur interdire tout profit.

On a parlé souvent pendant la guerre et surtout depuis
de la « conscription des fortunes ». On a annoncé que
s'il y avait une prochaine guerre, la première décision
qu'on prendrait serait de décréter non seulement la
mobilisation des hommes mais aussi celle des fortunes,
ce qui veut dire que tout le monde serait obligé de
mettre ses capitaux, ses usines, son argent gratis, à la
disposition du gouvernement (1).

____

(1) C'est précisément ce qui est inscrit dans un projet de loi d'organisation de l'armée, déposé récemment (juin 1027) : « Tout
Français sans distinction de classe, de sexe ni d'âge », devra mettre
au service de la Défense nationale tout ce qu'il a, sa personne, son
travail et ses biens, sans attendre aucun profit.
Mais ce projet de loi a suscité de vives critiques, venant des côtés

C'eût été une expérience singulièrement dangereuse. Et si humiliante que puisse paraître cette opinion, il est probable quelle eût entraîné la perte de la guerre. On comprend donc que le gouvernement, à un moment où tout devait être subordonné à la Défense Nationale, où c'était pour le pays une question de vie ou de mort, ne se soit pas arrêté à marchander le* salaires.

Il faut songer enfin que l'on demandait à ces ouvriers un travail formidable. Il y a des ouvriers qui, à ce moment-là, travaillaient 12 à 13 heures par jour. Il y en a qui ont travaillé 82 heures par semaine, dimanche compris ! (1).

Demander un effort semblable à un homme sans le payer, ou en le payant simplement avec des compliments ou une médaille militaire, ce n'est pas possible.

On ne pouvait donc éviter que les salaires des ouvriers mobilisés dans les usines ne fussent réglés sur le taux général des salaires et n'aient suivi la marche ascensionnelle de ceux-ci.

Mais même en admettant que le taux des salaires des ouvriers mobilisés dans les usines de guerre dût

les plus opposés, aussi bien des libéraux que des socialistes. Et finalement les mots que nous avons mis entre guillemets ont été supprimés comme dangereux parce que risquant de légaliser par avance, de la part de l'ennemi, la déportation ou l'emprisonnement de la population civile.

Mais on a conservé l'article 10, lequel décrète que les ressources nécessaires à la défense nationale seront obtenues soit par accord amiable, soit par réquisition, tout bénéfice devant être exclu dans l'un comme dans l'autre cas.

Les capitaux engagés dans les entreprises recevront un intérêt calculé sur le taux des emprunts d'Etat souscrits durant la même période. — —

Ce projet de loi n'est d'ailleurs pas encore définitif.

Toutefois il faut remarquer que les bénéfices des industriels ont, en fait, été limités, peut-être plus que s'il y avait eu taxation, par l'impôt sur les bénéfices de guerre qui a été établi à un taux énorme.

(1) .« Mes hommes travaillent actuellement une moyenne de *quatre-vingt-deux* heures par semaine. Ils ont eu deux jours de vacances : un à Pâques, l'autre à la Pentecôte. Le lendemain de ces deux jours, 99 % d'entre eux étaient au travail à l'heure habituelle. » Cette citation est d'un industriel de Manchester : mais dans bon nombre d'usines françaises on aurait pu en dire autant.

être égal à celui des ouvriers civils et suivre la hausse
de ceux-ci, reste à savoir si les salaires des ouvriers
mobilisés n'ont pas été dès le début supérieurs au
niveau général des salaires, s'ils ne les ont pas devan-
cés dans leur marche ascendante, ou même s'ils n'ont
pas déclenché et mené la hausse ? C'est une question à
laquelle il est difficile de répondre, faute de statistiques
assez précises.

La thèse inverse, celle des syndicalistes, c'est, au
contraire, que les salaires, tant ceux militaires que
ceux civils, n'ont fait que suivre la hausse des prix
et du coût de la vie et même ne l'ont suivie que toujours en retard.

Nous avons des chiffres relatifs au mouvement des
prix et ceux beaucoup plus incertains relatifs aux
salaires. Les voici (1) :

	Industrie privée	Usines de guerre	Nombre indice des prix
1914..................	100	100	100
1915..................	110	125	122
1916..................	125	125	133
1917..................	130	160	183
1918..................	175	240	200
1919..................	250	320	261
1920..................	360	400	373

Ces chiffres semblent donner raison à la thèse
ouvrière en montrant que, dans les premières années
de la guerre le salaire n'a pas été exagéré, puisqu'il n'a
suivi qu'à une certaine distance l'ascension des prix.
Mais ils montrent aussi que la hausse des salaires dans
les usines de guerre a été toujours en avance sur celle
de l'industrie privée.

____

(1) D'après March, *Prix et Salaires*, dans la monographie de la
Collection Carnegie sur d'Histoire Économique de la Guerre, (page
207).

La 1re colonne donne l'indice des salaires dans l'ensemble des industries ; la 2e colonne l'indice des salaires dans les usines de guerre.
Quant à la 3e colonne c'est celle du nombre indice des prix que nous
avons déjà donnés page 44).

Nous voyons, en effet, que dès 1918 les salaires des usines de guerre avaient dépassé la hausse des prix, tandis que les salaires de l'industrie privée ne l'avaient pas encore atteinte, ni même en 1920. Cependant, il ne faudrait pas conclure de ces chiffres que la situation des ouvriers fût inférieure à ce qu'elle était avant la guerre, car il faut remarquer que les salaires qui ont servi de base à ce tableau sont seulement ceux des hommes : mais pendant la guerre tout le monde travaillait, la femme, les enfants, les vieillards, de façon que le salaire familial était beaucoup plus élevé que les chiffres que je viens d'indiquer et que certainement le bien-être, surtout pendant les années de la guèrre, a été supérieur à ce qu'il était en temps de paix, quoique l'augmentation n'ait pas été aussi forte que pour les agriculteurs.

§ 2. — L'encombrement des villes industrielles
Les restaurants coopératifs

Il faut cependant noter une circonstance défavorable au bien-être de la population ouvrière. La population des grands centres industriels avait considérablement augmenté par suite du rappel des ouvriers dans les fabriques et aussi par suite de l'affluence des réfugiés, chassés des territoires envahis, dont le nombre s'éleva à plus de 2 millions, et enfin par suite de l'immigration des ouvriers indigènes qu'on faisait venir des colonies. Certaines villes, comme Bourges, comme Tours, qui étaient d'importants centres de fabrication de guerre, ont vu leur population doubler (Bourges de 45.000 à 110.000 habitants, Tours de 75.000 à 130.000). La ville de Rouen qui a servi de centre d'organisation à toute l'armée anglaise, a vu, elle aussi, sa population augmenter dans des proportions formidables.

Il était donc presque impossible à ces nouveaux arrivants de trouver à se loger : c'est à ce moment qu'a commencé la crise du logement qui dure encore aujourd'hui.

Ce n'était pas seulement les locaux d'habitation qui faisaient défaut, mais ceux aussi pour l'alimentation. Il n'y avait plus de place dans les restaurants et dans les débits pour la population ouvrière, particulièrement pour les femmes parce que les femmes ne buvant pas de vin ou d'alcool, ou n'en consommant que très peu, ne laissaient pas au débitant le profit qu'il tire de la vente des petits verres, celui-ci réservait aux hommes la place disponible et laissait les femmes à la porte. Elles devaient prendre leurs repas dans la rue, — assises sur le bord du trottoir. C'était dans toutes ces grandes villes un spectacle lamentable.

C'est pourquoi le gouvernement dût intervenir pour tâcher d'assurer les moyens de vivre à cette énorme population ouvrière en surnombre.

Il y avait trois catégories d'institutions pour pourvoir aux besoins de la population ouvrière :

a) Dans les usines de guerre proprement dites il y avait ce qu'on appelle « les ordinaires », c'est-à-dire c'était l'Etat qui nourrissait les homme, tout comme à la caserne ; par exemple dans les Etablissements des Poudres et de l'Artillerie.

b) Dans un grand nombre d'usines de l'industrie privée il y avait des économats, où les patrons fournissaient des aliments, tout préparés ou non, aux ouvriers, quoique pourtant ces économats eussent été interdits par une loi quelques années auparavant, la loi du 25 mars 1910.

Cette institution a une longue histoire dans l'Economie politique, et une histoire lugubre.

En effet, cette façon de nourrir les ouvriers, qui semble à première vue inspirée de sentiments humanitaires — procurer aux ouvriers le moyen de vivre le plus économiquement possible — avait dégénéré en abus monstrueux. Dans un grand nombre d'usines, en Russie notamment et même en Angleterre et parfois en

France, c'était devenu un moyen d'exploitation des
ouvriers : on leur vendait ce qui était nécessaire à
leur subsistance à un prix exactement calculé de façon
à absorber la totalité du salaire, ce qui fait que quand
venait le jour de la paye l'ouvrier n'avait rien à
toucher. Ce régime de l'économat faisait donc de l'ouvrier une espèce d'esclave qui, lui non plus, ne touche
jamais d'argent mais est simplement nourri et entre-
tenu par le maître.

Dans tous les pays, le législateur avait dû intervenir
pour réprimer ces abus. Je ne dis pas qu'ils fussent
universels, mais ils étaient suffisamment répandus
pour justifier cette interdiction de la loi de 1910.

Mais quand vint la guerre on laissa tomber cette loi,
comme d'ailleurs toutes les lois de protection ouvrière :
limitation de la journée de 10 heures (il n'était pas
encore question de la journée de 8 heures), restrictions
du travail des femmes et des enfants, repos du dimanche. Une circulaire ministérielle — précisément de
M. Albert Thomas — leva en fait l'interdiction des
économats et permit aux patrons d'ouvrir chez eux
des restaurants. Seulement la circulaire invitait les
patrons à faire appel pour cette installation à des
sociétés coopératives ouvrières, de façon que les ouvriers pussent contrôler eux-mêmes leur approvisionnement, et pour éviter ainsi les abus du passé.

Ce n'est pas seulement dans les fabriques patronales,
c'est aussi dans les fabriques mêmes de l'Etat que le
gouvernement engagea les directeurs à établir des
sociétés coopératives de consommation.

En effet, les ouvriers n'aimaient pas les ordinaires :
il y retrouvaient trop le régiment et la nourriture des
casernes. Aussi, même là où il y avait des ordinaires
les ouvriers préféraient généralement aller manger au
restaurant voisin, quoique plus cher; mais pendant
cette période les ouvriers ne se préoccupaient pas du
tout d'économiser et voulaient manger « comme les
bourgeois ».

Le Ministre de l'Armement, le 5 février 1918, recommandait aux services de la Direction de la main-d'œuvre de détourner patrons et ouvriers « de toute création d'institution nouvelle lorsque les besoins constatés peuvent être satisfaits par des sociétés fonctionnant déjà dans le même centre et susceptibles de prendre un nouveau développement ».

Il y avait déjà avant la guerre, dans quelques établissements d'Etat, des coopératives, non sous forme de restaurants, il est vrai, mais sous forme de magasins d'approvisionnement, 10 en tout. Elles étaient assez peu coopératives, vendant à crédit, mais néanmoins c'était une indication : il n'y avait qu'à les multiplier, c'est ce qu'on essaya de faire (1).

Le Gouvernement s'adressa à la Fédération Nationale des Coopératives de France, qui venait d'être fondée, car elle ne datait que de 1912, pour faire appel à ses bons offices, c'est-à-dire pour aider à cette création de sociétés coopératives de consommation et, si possible aussi, de logements ouvriers.

Mais cette seconde forme de coopération est beaucoup plus difficile, parce que s'il est possible, en quel-

---

(1) Une circulaire du 2 octobre 1916 dit :

« La gestion des restaurants par les coopératives constituées entre les ouvriers des établissements de l'artillerie et des poudres, permet d'éviter les inconvénients que présente le plus souvent la gestion directe des cantines organisées sous forme d'ordinaires et donne aux ouvriers le moyen de participer eux-mêmes au fonctionnement des établissements institués à leur profit.

« J'ai décidé de vous autoriser à m'adresser des propositions en vue de l'adjonction aux cantonnements ouvriers, de baraquements assez vastes, aménagés en réfectoires et comportant des cuisines complètement installées. Ces bâtiments, destinés à l'organisation de restaurants pour les ouvriers de l'établissement, seraient édifiés, de même que les cantonnements, sur des terrains appartenant aux établissements ou acquis par eux dans les mêmes conditions que pour leurs extensions ordinaires.

« Je ne verrai que des avantages à ce que la gestion de ces restaurants soit confiée à la société coopérative du personnel de l'établissement ou, à défaut. d'une société de cette nature, à une société coopérative constituée entre les ouvriers de la localité. La concession du restaurant pourra être faite pour la durée de la guerre moyennant une redevance. Elle comportera, à la charge de la société, l'engagement de servir des repas à tous les ouvriers de l'établissement, qu'ils soient ou non sociétaires de la coopérative. La société acceptera votre

qués semaines, d'installer des restaurants ou des maga-sins, il faut des mois, sinon des années, pour bâtir des maisons, même très modestes. C'est pourquoi au point de vue du logement on ne peut pas dire que les sociétés coopératives aient rendu des services réels pendant la guerre. Les gens, ouvriers ou réfugiés, se sont débrouil-lés comme ils ont pu ; ils se sont entassés les uns sur les autres.

L'Etat faisait des avances, au taux de 2 %, et rem-boursables en 5 ans, pour aider les coopératives qui se fondaient ; quant aux patrons qui consentaient à se prêter à l'installation d'un restaurant coopératif, l'Etat donnait 10 francs par ouvrier ; ce n'était pas beaucoup, mais cela suffisait à payer le prix d'instal-lation, tables et couverts.

Le Gouvernement voulut faire plus et essaya de sti-muler l'action des coopératives en créant une institu-tion spéciale « Le Fonds National des Coopératives pour le personnel des Usines de guerre ». Cette institution fut créée en 1916 par M. Albert Thomas, mais sous

contrôle pour la fixation des prix des repas et s'engagera à mettre les réfectoires et, le cas échéant, les réchauds que vous auriez installés, à la disposition des ouvriers de l'établissement qui apportent, à cet effet, leurs aliments. Si vous employez des ouvrières venues d'une autre région et dont vous avez pris l'engagement d'assurer le loge-ment et la nourriture à certaines conditions, vous pourrez stipuler que le restaurant coopératif devra concéder à ces ouvrières un tarif spécial de pension.

« Il est bien entendu que la vente et la consommation de l'alcool seront rigoureusement interdites dans les locaux du restaurant.

« L'administration et la gestion des restaurants coopératifs restent entièrement distinctes de l'administration de l'usine ; et, en particulier, un établissement ne peut imputer sur son budget le payement d'un employé ou ouvrier qui consacrerait tout son temps à l'administration d'une société coopérative. »

Une autre circulaire du 31 octobre 1916, inspirée évidemment par la crainte d'un retour aux économats, dit : « L'Association patronale n'a pour objet que de recueillir les cotisations qui sont calculées d'après le nombre des ouvriers de chaque établissement. Cette asso-ciation passe un contrat avec la société coopérative qui garde toute son indépendance. Il importe, en effet, si l'on veut que l'institution dont la création est envisagée soit viable, que les ouvriers aient le sentiment que cette œuvre leur appartient et est gérée par leurs délé-gués. »

forme d'association privée. Voici quel était son objet, d'après le texte même des statuts :

« L'objet de la présente association est d'améliorer la vie matérielle des ouvriers et employés qui travaillent dans les usines de guerre, principalement en encourageant la création d'habitations installées dans de bonnes conditions d'hygiène, de restaurants et de magasins d'alimentation, sous la forme de sociétés coopératives, et en procurant à toutes les œuvres et associations qui poursuivront le même but toute l'aide morale et tous les moyens pratiques d'exécution dont elle pourra disposer.

« L'association ne peut en aucun cas subventionner une œuvre qui ne prendrait pas l'engagement de ne pas délivrer d'alcool. »

Vous remarquerez cette expression — d'ailleurs pas très heureuse grammaticalement — « délivrer de l'alcool ». On n'a pas dit de « boissons alcooliques ». Il ne s'agissait pas d'établir le régime sec parce qu'il n'y aurait plus eu un seul consommateur. Mais pourvu que les hommes eussent du vin, du « pinard », comme on disait, ils étaient satisfaits et se passaient d'eau-de-vie.

Ce fonds coopératif fut créé d'une façon assez grandiose. On voulut lui donner une organisation autonome, indépendante de l'Etat, sans caractère officiel. On lui donna comme président M. Ferdinand Buisson, alors président de la Ligue des Droits de l'Homme. Le Comité d'administration fut composé de représentants, d'une part des coopératives, et d'autre part des grands patrons, et on lui donna pour mission de faire campagne pour déterminer la création de restaurants coopératifs dans toutes les usines.

A cette date, les Chambres n'avaient pas encore admis le système des avances aux coopératives qui fut pratiqué plus tard. Cependant M. A. Thomas trouva quelques fonds de tiroir dans ses caisses. Il y eut, en autre, quelques contributions privées, mais ce fut bien peu de chose, 220.000 francs, je crois.

Cette œuvre ne trouva pas d'appui dans l'opinion publique. Le Comité se réunit un certain temps assez régulièrement, puis il disparut au bout de trois ans, sans avoir laissé de traces.

C'est une preuve de plus que dans les grandes circonstances il ne faut pas attendre beaucoup de l'initiative privée, en tant que souscriptions ou efforts volontaires. Il est arrivé là ce qui se produit pour la souscription facultative pour l'amortissement de la dette publique, dont personne ne parle plus aujourd'hui. Ceux qui ont quelque expérience savent que ces enthousiasmes ne sont que des feux de paille.

Mais, par contre, l'effort combiné du gouvernement et des coopératives déjà existantes donna de bons résultats : un asez grand nombre de restaurants coopératifs furent créés.

A la fin de la guerre il y avait 119 restaurants pour les ouvriers des usines et 813 magasins d'approvisionnement sans compter les établissements patronaux et ceux de l'Etat (1). Et on peut évaluer à environ 200.000 le nombre des ouvriers qui ont bénéficié quotidiennement de ces restaurants ou magasins coopératifs. On dira que ce n'était pas grand'chose sur une population de plusieurs millions d'hommes employés dans les d'usines ? Il est vrai, mais ces restaurants n'étaient faits que pour les ouvriers vivant seuls, qui n'étaient pas en ménage.

En tout cas, ces restaurants ont eu une influence modératrice sur les prix du commerce local. Le com-

---

(1) Voici les statistiques par catégories :

	Restaurants	Magasins	Ensemble
Coopératifs	119	813	932
Patronaux	42	3	45
De l'Etat	161	167	328
	322	983	1305

merce local, non seulement les restaurants, mais les épiciers et tous les marchands, pratiquaient pendant la guerre une exploitation scandaleuse de la classe ouvrière et quand arrivèrent les soldats des armées alliées, anglais et américains, ce fut un vrai brigandage. J'ai déjà eu l'occasion de rappeler ce fait que dans les grandes cités industrielles, chaque fois que les journaux annonçaient une élévation des salaires de 10 % par exemple, immédiatement les commerçants et les restaurateurs affichaient une hausse égale des produits ; le jour même, ils changeaient leurs étiquettes (1). Si bien que l'élévation des salaires ne servait qu'aux commerçants et non aux ouvriers, se trouvant absorbée au fur et à mesure, et avant même que de naître, par la hausse systématique des prix.

C'est précisément pour éviter que les majorations de salaires ne passent tout entières entre les mains des marchands, que l'on chercha à multiplier les sociétés coopératives. Et il suffisait de la présence d'un restaurant ou d'une boutique dans une ville pour mettre un frein, dans une certaine mesure, à cette majoration des prix dont je vous parlais.

Le malheur c'est qu'il n'y en eût pas un nombre suffisant.

Je dois dire aussi, je l'ai déjà dit dans une leçon précédente, que les ouvriers eux-mêmes n'ont guère poussé à l'établissement de ces coopératives ni beaucoup aidé à celles qui furent créées. La classe ouvrière payait n'importe quel prix ; tout ce qu'elle avait gagné, elle le dépensait. C'étaient des salaires qui paraissaient

---

(1) Le fait a été signalé par M. Albert Thomas (qui fut ministre de l'Armement) dans la petite ville d'Harfleur, alors occupée par les ouvriers de l'usine Schneider.

Mais il a été signalé aussi en maints endroits, notamment dans un rapport du préfet de la Loire au Ministre du Travail : « Pendant la période des revendications, les maîtres de pensions, restaurants, devenus chaque jour plus nombreux, suivaient attentivement les pourparlers engagés et, très souvent, avant même la signature de la convention, spéculaient sur l'augmentation promise en majorant aussitôt les tarifs. »

invraisemblables. On disait : cela ne durera pas, il faut en profiter tant que cela dure.

Néanmoins, on est arrivé à des résultats intéressants. J'ai dit quel avait été le nombre des restaurants coopératifs ouverts pendant la guerre. Leur ouverture était célébrée avec une certaine solennité ; je me rappelle avoir assisté à l'inauguration du restaurant coopératif de Boulogne, qui servait principalement aux ouvriers des usines Renault. On avait convoqué toutes les notabilités politiques, coopératives et patronales, à un grand banquet. Il y en a eu d'autres, notamment pour le restaurant coopératif des usines Citroën.

Voici, à titre d'exemple, l'historique sommaire d'un de ces restaurants coopératifs, celui de Saint-Etienne, grande ville ouvrière qui était, pendant la guerre, un centre important de fabrication. Il fut fondé le 17 avril 1917, avec un très modeste capital, qui fut formé de la façon suivante.

Le Ministère de l'Armement donna 4.000 francs, le département de la Loire donna 4.000 francs ; les sociétés coopératives prêtèrent, sans intérêt, 6.000 francs. Ce qui fit un total de 14.000 francs. Ce fût suffisant : il ne faut pas grand'chose pour installer une baraque et quelques tables. Ce restaurant arriva à distribuer 500 repas par jour, à la carte. Le repas à la carte est beaucoup plus onéreux qu'à prix fixe, mais les ouvriers préféraient le repas à la carte qui permet de choisir les plats et de faire soi-même son menu.

Voici le menu d'un des jours de la semaine, il donnera une idée des prix de cette époque, dont la comparaison avec ceux d'aujourd'hui est assez suggestive :

Hors-d'œuvre

Sardines 0,20

Plats de viande

Viande froide mayonnaise............. 0,85
Ragoût de mouton avec pommes de terre. 0,60

| Emincés de veau | .... | 0,65 |
| Foie de veau | .... | 0,60 |

Légumes

Haricots	....	0,35
Nouilles au gratin	....	0,30
Carotte au jus	....	0,30
Fromage	....	0,25

On voit qu'en prenant un hors d'œuvre, un plat de viande, un plat de légume et un fromage, le déjeuner pouvait revenir à 1 fr. 35.

C'était en 1917 : à ce moment là la hausse des prix était déjà assez sensible, mais ces prix étaient très inférieurs à ceux des restaurateurs ordinaires à la même date.

Quant au café les ouvriers ne s'en privaient pas, mais ils préféraient aller le prendre au « Foyer des Mobilisés », au prix modeste de 15 centimes. Ces foyers pour mobilisés avaient été créés un peu partout pendant la guerre ; on n'y donnait pas d'alcool. Le premier a été créé en 1916 à Firminy (près Saint-Etienne).

Il est à remarquer que bon nombre d'établissements fondés par les patrons dans les usines, sous les couleurs de la défense nationale, ont subsisté après la guerre et menacé de ressusciter le régime légalement abrogé des économats. Aussi la Fédération Nationale des Coopératives a-t-elle cru devoir protester contre ce retour insidieux à des pratiques condamnées et est-elle intervenue à diverses reprises pour que toutes ces institutions patronales fussent ramenées à la forme vraiment coopérative (1).

____

(1) Voici le texte d'une de ces protestations :

« Sous le fallacieux prétexte de se conformer aux instructions du Ministère de l'Armement, certains patrons (et le nombre s'accroît chaque jour) édifient une pseudo-coopérative, ou mieux un Economat, en face d'une coopérative véritable qui, grâce au dévouement de ses dirigeants, est devenue prospère et ne demande qu'à se rendre utile à tous les ménages ouvriers qui l'entourent. C'est ce que les coopérateurs ne peuvent admettre, ni supporter, car la nouvelle organisation patronale ne peut avoir et n'aura d'autre résultat que de détruire à bref délai l'œuvre coopérative réalisée par la Société ouvrière.

« Cette situation, en se généralisant, peut devenir très dangereuse

Sans doute, dans ces nouveaux économats on ne voit pas les mêmes abus que dans les anciens ; ce n'est plus l'exploitation honteuse des ouvriers ; les denrées qui leur sont fournies sont généralement de bonne qualité et à des prix même inférieurs à ceux des commerçants. Néanmoins ces économats patronaux quoiqu'ils aient pris la forme de coopératives, ne sont pas de vraies coopératives, car c'est le patron qui fournit les locaux et souvent le capital, de sorte qu'il exerce une influence prépondérante sur l'administration. Mais précisément le patron a pour but, en abaissant artificiellement le prix des produits, de pouvoir dire que le coût de la vie est bas et légitimer une baisse des salaires ; et c'est aussi un frein contre la grève, l'ouvrier se voyant alors fermer le magasin.

C'est pour ces motifs que les coopératives vraies ont protesté contre le maintien de ces économats dans les fabriques. Et il en est de même en Allemagne où le même système se généralise aussi.

Le Conseil Supérieur de la Coopération a été saisi à sa dernière session d'une protestation (1), pour deman-

------

pour le mouvement coopératif et nous vous prions d'intervenir en vue de couper court le plus rapidement possible aux abus que nous vous signalons.

« Il est indispensable que les patrons ne soient autorisés par le Ministère de l'Armement à créer des Économats ou des Coopératives (de la main gauche) que là où il n'en existe pas et où les ouvriers eux-mêmes se refuseraient à mettre sur pied une société de consommation. »

(1) Voici le vœu émis par le Conseil Supérieur de la Coopération :
« La Section de la consommation du Conseil supérieur de la Coopération, comme suite aux vœux émis dans la précédente session du Conseil supérieur, et en vue d'une suppression aussi rapide que possible des économats interdits par le Chapitre V, livre premier, du Code du Travail et dont le fonctionnement a dû être toléré en fait en raison des conditions économiques créées par les hostilités;
« Émet le vœu :
« Qu'une sous-commission, dont seront appelés à faire partie des représentants des bureaux compétents du Ministère du Travail, soit chargée d'établir, de concert avec l'administration, une statistique des économats actuellement existants, d'examiner la possibilité de leur remplacement par des organisations coopératives régulières et de signaler à l'administration, afin qu'elle prenne toutes mesures utiles, les économats dont la suppression paraît pouvoir être poursuivie immédiatement. »

der au Ministère du Travail de procéder à une enquête,
tant au point de vue juridique qu'au point de vue
économique, sur ces institutions qui sont des économats
déguisés, condamnés par la loi et s'abritant derrière
le manteau juridique des sociétés coopératives.

CHAPITRE VI

LES COOPÉRATIVES AUX ARMÉES

Nous allons aujourd'hui suivre les coopératives au
front. C'est une association de mots choquante que ceux
de la coopération aux armées ! La Coopération, qui a
fait tout ce qu'elle a pu pour éviter la guerre et pour la
faire finir le plus tôt possible, la voilà donc qui va ravitailler les troupes pour leur permettre de tenir jusqu'au
bout ! Mais la guerre se trouvant déchaînée et étant
donné qu'il n'était au pouvoir des coopérateurs ni de
l'empêcher ni de la faire cesser, la Coopération ne voit
plus dans les troupes que des consommateurs, envers
lesquels elle doit remplir sa fonction qui est de leur
procurer les moyens de vivre le plus confortablement
et le plus économiquement possible.

§ 1. — La consommation aux armées
Gaspillages et Economies

Les conditions toutefois étaient différentes. La coopération se trouvait ici non pas en présence de consommateurs ordinaires mais d'une immense consommatrice,
l'armée, qui englobait 8 millions de bouches, dont elle
ne faisait qu'une, peut-on dire, et qui absorbait une
grande partie de la production alimentaire du pays.

D'autant plus que ces consommateurs, une fois mobilisés, consomment beaucoup plus que lorsqu'ils étaient
chez eux, et cela pour bien des raisons.

D'abord il faut les nourrir mieux parce que la dépense

de forces est plus grande. Il est vrai que les soldats de la Grande Guerre n'ont pas eu, pendant ces quatre années, à marcher comme les soldats de Napoléon, hormis le terrible mois d'août 1914, lors de la retraite sur la Marne ; mais après cette course en arrière, les fronts se sont stabilisés et il n'y a guère eu de marches et d'évolutions. Mais la vie dans les tranchées, et souvent sous un bombardement effroyable, était très déprimante et il fallait fournir aux soldats des calories, comme on dit aujourd'hui. Et il fallait aussi remonter le moral ; bien que l'alimentation et le moral ne semblent pas avoir de rapports très intimes, ils en avaient dans ce cas-là. Les soldats enterrés dans les tranchées n'avaient pour distraction que de manger et fumer.

Il fallait donc donner aux soldats une alimentation abondante. C'est ce qu'on fit.

Voici quelques indications sur la ration des troupes pendant la guerre. On commença par leur donner, comme pain, un kilo par homme. C'était ridicule ; on a diminué ensuite cette ration pour la ramener à 750 grammes, puis on l'a encore réduite à 650 grammes. C'était encore une ration plutôt forte, car, si l'on prend la moyenne de la consommation en France, à l'état normal, c'est à peu près 450 grammes de pain par tête qui sont consommés quotidiennement. Toutefois il faut songer que dans cette moyenne sont comptés les enfants et les femmes, de sorte que la ration d'un homme adulte, à l'état de paix, peut bien être évaluée à 600 grammes et même plus pour la population rurale.

Pour la viande, on a donné d'abord un kilo par jour. C'était insensé. On est descendu par la suite à 450 grammes, ce qui était encore beaucoup, puis à 350 grammes, poids brut, ce qui faisait, compte tenu des déchets, 250 à 300 grammes ; c'était encore une forte ration, puisque dans les restaurants ordinaires la portion de viande ne dépasse guère 100 grammes.

Il faut songer que les mobilisés, dans leur ménage,

tout au moins la population rurale, ne mangeaient de la viande qu'une ou deux fois par semaine et en petite quantité, principalement du lard, peut-être 4 à 500 grammes par semaine ce qui est loin des 2 kilos de l'ordinaire au front.

La consommation de viande dépassa donc de beaucoup la normale, tellement que le cheptel national, le troupeau de bœufs, de moutons et de porcs, a été diminué de plus d'un tiers pendant la guerre, par suite de la très forte consommation de l'armée.

Les soldats recevaient en outre :

30 grammes de lard ;
750 grammes de pommes de terre ;
100 grammes de légumes secs ou de riz ;
1/2 litre de vin. Mais cette ration de vin était jugée insuffisante et les soldats cherchaient partout l'occasion d'en acheter en supplément.

La ration de sucre était très large : on donnait 48 grammes par tête et par jour, ce qui représente 8 morceaux de sucre ordinaires, dont le poids est environ de 6 grammes. Les soldats étaient à ce point de vue très privilégiés, alors que la population civile était strictement rationnée. Les civils ne recevaient pendant la guerre que 700 et, à la fin, 600 grammes par mois, ce qui faisait seulement 20 à 23 grammes par jour, trois ou quatre morceaux, moins de la moitié de la ration militaire.

Les rations de café étaient suffisantes aussi, sur le front, 24 grammes.

Le tabac était à discrétion.

En somme, pour la nourriture, il y avait beaucoup plus que le nombre de calories indiqué par les traités d'hygiène.

Mais ce n'était pas tout. Les soldats recevaient aussi des colis à profusion. Ce fut un des aspects inattendus de la guerre que ces envois de colis par les familles des soldats. Presque toutes les familles rurales, je l'ai vu moi-même, envoyaient chaque semaine au mari ou au fils qui était au front un panier, et souvent deux, bondés de beurre, œufs, légumes, charcuterie, tellement que les chemins de fer en étaient encombrés. Il n'y avait pas seulement les familles qui faisaient ces envois : il y avait aussi les marraines. Vous savez quel rôle ont joué les marraines pendant la guerre, rôle qui a été au début assez touchant, mais qui plus tard a donné lieu à certains abus et a fourni un peu trop matière aux pièces de théâtre et aux romanciers.

La surabondance d'alimentation eut pour conséquence un gaspillage effrayant. Le pain était jeté par terre, ou bien on le vendait aux habitants pour nourrir leurs porcs et leurs chiens, à 10 centimes le kilo. Toutes les fois que les soldats quittaient une tranchée pour aller au cantonnement de repos, ils laissaient le pain de munition et achetaient du pain frais. Et cela à un moment où la population civile était rationnée au moyen d'une carte remise à chaque habitant.

Tous les autres produits alimentaires ont été également gaspillés et plus encore les vêtements. Chaque fois que les soldats quittaient les tranchées pour aller au cantonnement de repos, pour ne pas emporter dans leur sac un poids trop lourd, les soldats jetaient tous les vêtements qu'ils avaient de trop. On sait que souvent même, et quoique ce fut un délit sévèrement puni, ils jetaient les munitions. Ils jetaient en tout cas leur linge parce qu'il était le plus souvent rempli de vermine et qu'ils n'avaient pas le moyen de le laver. Généralement les uniformes étaient devenus de véritables carapaces de boue dans les tranchées et il fallait continuellement renouveler.

Et chaque changement de saison était aussi l'occasion d'une destruction d'effets : au printemps, les soldats jetaient les vêtements d'hiver ; à l'automne, les effets d'été.

Tout cela se traduisait dans le budget par des dépenses formidables.

La nourriture du mobilisé, qui était, en 1914 et 1915, de 1 fr. 03 par jour, a atteint successivement les chiffres suivants : 2 fr. 61 en 1916, 3 fr. 26 en 1917, 4 fr. en 1918. Ces chiffres doivent être doublés, pour tenir compte des dépenses de vêtements et d'effets militaires. Ce qui fait donc une somme de 5, 8 et 10 francs par tête et par jour qui, multipliée par le nombre des hommes, trois, quatre ou cinq millions au front, représentait plus du tiers des dépenses quotidiennes de la guerre qui étaient au début de 40 millions de francs par jour et, en 1918, de 100 millions de francs par jour. Remarquez qu'il s'agit de francs d'or ou presque, car jusqu'à la fin de la guerre le franc est resté près du pair.

Il fallait donc, c'était un devoir strict, tâcher de faire des économies. On ne s'y mit pas tout de suite. Au début, on pensait que la guerre serait courte et que ce n'était pas la peine d'économiser. Mais quand on vit que la guere se stabilisait et que ces énormes dépenses quotidiennes semblaient devoir durer on ne sait combien de temps, l'administration militaire se mit en devoir de faire des économies, et il en fut de même dans tous les pays belligérants.

Comment s'y prit-elle ?

D'abord, on remplaça, dans la plupart des divisions, les fournitures en nature par des indemnités en argent de même valeur. Ces indemnités n'étaient pas remises à chaque homme, on n'aurait ainsi réalisé aucune économie, mais au chef de corps.

Avec le système d'une distribution grossièrement égalitaire, il faut établir la ration au taux maximum, celle des hommes qui mangent beaucoup, quoiqu'il y en a qui mangent moins, d'autres qui sont absents. Mais un chef de corps, s'il est économe des deniers de l'État, n'achète que les quantités d'aliments qu'il sait nécessaire pour ses hommes.

Par exemple, dans une division dont la comptabilité a été publiée, on a pu réaliser :

0 % d'économies sur le pain ;

13 % d'économies sur la viande ;

16 % sur les pâtes alimentaires et le sucre ;

18 % sur le riz.

C'est sur le riz qu'on a réalisé les plus grandes économies parce que c'est le riz que les hommes aimaient le moins ; on le jetait par sacs entiers. Grâce à ce nouveau système, on n'en achetait plus et on achetait autre chose.

On voit que si on applique ces coefficients à la consommation totale des armées et si toutes les divisions avaient procédé avec la même économie, c'est par centaines de millions que se serait chiffrée l'économie qui aurait été réalisée.

On utilisa les abats, ce qu'on appelle le cinquième quartier, c'est-à-dire le cœur, les rognons, le foie, etc., qui sont habituellement débités par des boucheries spéciales et qui, au front, étaient jetés tout simplement. On les a utilisé dans des maisons spéciales qui en faisaient des pâtés, des saucisses, etc, assez appréciés par les hommes. On chercha également à tirer parti des os, des cornes, des peaux, des crins, comme on fait dans les abattoirs industriels.

On fit les mêmes économies pour le vêtement. On prit la précaution, par exemple, à chaque changement de saison, de renouveler les vêtements des hommes avant que ceux-ci ne les eussent jetés ; et surtout de ne jamais donner un vêtement neuf sans que l'homme rapportât le vêtement usé ou ancien.

Les vêtements usés étaient renvoyés dans des établissements spéciaux, où ils étaient désinfectés, remis à neuf quand ils pouvaient l'être. De ceux qui ne pouvaient pas être réparés on utilisait du moins la matière première. La laine et le coton étaient alors extrêmement rares et il était d'une importance capitale de les récupérer, d'autant plus que le coton servait à fabriquer des explosifs.

Le gaspillage s'étendait à toutes choses. Faute de mangeoires pour les chevaux, l'avoine était jetée par terre et la moitié était perdue ; l'essence servait à laver les autos, etc.

On ramassa sur le terrain tout ce qui était mis au rebut et on ne saurait croire ce qu'il y avait de choses de toute natures sur les territoires occupés par les troupes. Le plus grand gaspillage a été celui des bouteilles et cela alors que la verrerie était hors de prix. Dans un seul secteur du front, en une semaine, il a pu être ramassé et vendu pour 30.000 francs de bouteilles vides.

De même pour les tonneaux et plus encore pour les innombrables boîtes de conserve. Elles étaient recueillies et envoyées dans des établissements spéciaux — il y en avait deux, un dans la Seine-et-Oise notamment — où on les pilonnait et où les métaux étaient séparés : tôle, étain, cuivre.

Il y avait aussi des quantités incroyables de munitions abandonnées : douilles d'obus, cartouches de fusil, projectiles non éclatés, représentant des valeurs énormes de métaux, de cuivre notamment qui était si précieux.

Les Anglais savaient récupérer mieux que les Français, parce qu'ils confiaient la récupération à des civils, hommes ou femmes, spécialement affectés à cette besogne. C'était le *Salvage Corps*, le corps des sauveteurs, titre bien mérité car ils ont en effet sauvé bien des millions.

De même, pour réaliser des économies, les Anglais avaient introduit dans l'Etat-Major, dans le *War office*, des business-men, commerçants, industriels qui avaient de toutes autres habitudes d'économie que les militaires.

On fit mieux. Comme la guerre durait et que les divisions restaient assez longtemps dans les mêmes secteurs, on créa des jardins militaires où les soldats pouvaient cultiver des légumes frais dont ils étaient si friands — et même des porcheries où les animaux étaient nourris avec tous les détritus des cuisines, ce qui augmentait d'autant l'alimentation des troupes.

§ 2 — L'intervention des Coopératives

Cette introduction n'était pas inutile parce qu'elle nous amène maintenant à l'intervention des coopératives.

Les gaspillages dont nous venons de parler étaient une cause de dépenses pour l'Etat, non pour les soldats ; mais ceux-ci aussi dépensaient trop de leur poche parce qu'ils étaient livrés à l'exploitation des marchands. Vous direz peut-être: que pouvaient vendre les marchands puisque les soldats avaient déjà de tout et plus qu'ils ne pouvaient consommer ?

Si, il restait quantité de choses que l'intendance ou, comme on dit, l'ordinaire, ne fournissait pas.

D'abord le vin. Je viens de vous dire que les soldats ne se contentaient pas de la ration réglementaire d'un demi-litre, l'Intendance ne fournissait pas non plus de bière, de thé (pour ceux qui en consommaient), de l'alcool (qui était défendu), des fromages, des confitures, des fruits, des légumes frais.

Et puis, en dehors de l'alimentation, maintes autres choses encore que l'Intendance ne procurait pas et dont les soldats étaient avides : la papeterie, pour écrire aux familles, les articles de fumeurs, les boîtes d'allumettes, la mercerie pour réparer les vêtements qui étaient continuellement troués ou usés, des journaux, des jeux de cartes, des jeux de dames, toutes sortes de bibelots.

Tout cela le soldat ne pouvait se le procurer que chez les marchands. Comme ces vautours qui suivent les armées pour s'abattre sur le champ de bataille, les mercantis suivent les soldats pour les dévaliser en leur faisant payer des prix exorbitants. Dans son célèbre roman *Le Feu*, Henri Barbusse n'a pas oublié ce trait caractéristique de la guerre. Voici une page, plus vivante qu'un document officiel :

— On boirait bien un p'tit coup, dit Lamuse. Vous vendez du vin ?

— Non, dit la bonne femme.

Elle ajouta, avec un tremblement de colère :

— Vous comprenez, l'autorité militaire force ceux qui tiennent du vin à le vendre quinze sous. Quinze sous ! Quelle misère que c'te maudite guerre ! On y perd, à quinze sous, monsieur. Alors, j' n'en vends pas, de vin. J'en ai bien, pour nous. J' dis pas que quéqu' fois, pour obliger, j'en cède pas à des gens qu'on connaît, des gens qui comprennent les choses, mais vous pensez bien, messieurs, pas pour quinze sous.

Lamuse fait partie de « ces gens qui comprennent les choses ». Il empoigne son bidon qui pend par habitude à son flanc.

— Donnez-m'en un litre ? Ce s'ra combien ?

— Ça s'ra vingt-deux sous, l' prix qu'i' m' coûte. Mais, vous savez, c'est pour vous obliger, parce que vous êtes des militaires.

Et la scène continue.

Comme il est dit dans cette page, l'autorité militaire avait essayé de mettre un terme à cette exploitation en tarifant les prix des objets vendus dans la zone des armées. Et pour le vin notamment, qui était particulièrement recherché par les soldats, on avait fixé un prix qui avait été en effet de 15 sous au début et qui fut porté à 25 sous.

Seulement, qu'ont fait les marchands ? Ils ont mis leur vin en bouteilles et l'ont cacheté ; cela s'appelle, en style cabaretier, du vin bouché. Ils le vendaient comme vin extra, de façon que quand les soldats demandaient du vin ordinaire, on leur répondait qu'il n'y en avait pas, qu'il y avait seulement du vin « bouché ».

Pour éviter ce nouvel abus l'autorité militaire défendit aux débitants de vendre du vin « bouché » s'ils ne vendaient pas en même temps du vin au litre.

Mais cette nouvelle intervention de l'administration fut aussi facilement tournée que le sont toutes les interventions coercitives. Les débitants en furent quittes pour faire deux parts du même tonneau : une moitié était transformée en « vin bouché », l'autre était vendue au litre...

L'exploitation était donc considérable. N'était-ce pas le cas, pour les coopératives, d'intervenir ? La Fédération Nationale des Coopératives de France demanda à l'autorité militaire l'autorisation de fournir elle-même des approvisionnements aux troupes. Seulement, elle ne pouvait envoyer des approvisionnements au front, parce qu'elle n'avait pas les moyens nécessaires. Il fallait que l'administration militaire fournît les moyens de transport. Elle y mit beaucoup de bonne volonté. Elle confia en effet, à la Fédération Nationale des Sociétés de Consommation le monopole, pour ainsi dire, d'approvisionnement du secteur de la première armée, de Toul à Nancy, à la condition que les approvisionnements fussent envoyés par wagons entiers. La Fédération chargeait donc des wagons complets à destination de Toul et des camions militaires venaient prendre les approvisionnements pour les porter jusque sur le front.

Mais ce système ne rendit pas tous les services attendus. L'obligation de faire les envois par wagons entiers était une grosse complication. Les camions militaires pour le transport au front n'étaient pas toujours disponibles. Bref, la tâche était au-dessus des forces de la Fédération Nationale, qui venait à peine d'être constituée. Aujourd'hui, la Fédération pourrait mieux s'acquitter de cette mission-là.

D'autre part, la Fédération Coopérative se trouvait infériorisée vis-à-vis des marchands par le fait qu'elle se conformait au tarif. Et à ce tarif, elle était en perte, tandis que les commerçants, qui ne s'y conformaient pas, pouvaient continuer leurs affaires. La Fédération fut donc obligée de renoncer. Cependant elle n'avait pas été sans rendre des services, à preuve ce témoignage que lui rendait un officier général en janvier 1917 :

« Je n'ai pas manqué de saisir de la question M. le Général commandant en chef, direction de l'arrière, en appelant son attention sur les services rendus aux troupes depuis un an par les camions-bazars qu'alimente le Magasin de Gros des Coopératives de France. ».

Et la lettre continuait :

« J'insiste vivement pour que leur activité et leur persévérance ne se laissent pas décourager par les difficultés passagères des transports, si gênantes qu'elles soient. »

Au reste, si le rôle de la Fédération Coopérative était fini, celui de la coopération ne le fut pas pour cela. Au contraire, car alors ce fut dans le sein même de l'armée que l'on créa des coopératives militaires.

A vrai dire, ce n'était pas une chose nouvelle, que cette idée de la coopération dans l'armée. Dans tous les pays, bien avant la guerre, il y a eu des coopératives militaires. La vie militaire se prête tout naturellement à la coopération. Pour les hommes, c'est une coopération forcée dans les casernes, puisqu'ils vivent en communauté comme des moines. Pour les officiers il y a généralement dans tous les régiments ce qu'on appelle le mess, c'est-à-dire la table commune où chacun paye sa part et qui est une véritable coopérative.

En outre, il y a dans la plupart des pays des coopératives spéciales pour fournir aux officiers les vêtements, équipement, et tous articles militaires. Ces coopératives sont même parfois très considérables. En Italie, la plus grande coopérative était la coopérative militaire de Rome avec 50.000 officiers. En Angleterre, il y avait à côté de la grande Coopérative pour les fonctionnaires civils, *Civil Service*, une non moins grande pour les militaires, *Military Service ;* elles réunissaient chacune des dizaines de milliers de membres. En France, il y en avait aussi une très nombreuse.

Il est vrai que les coopératives militaires n'étaient pas très estimées dans les milieux réellement coopératifs parce qu'elles n'étaient pas toujours conformes à la règle coopérative ; elles faisaient des bénéfices qu'elles distribuaient entre leurs actionnaires, ce qui est une hérésie en matière coopérative, la règle étant que les actionnaires ne doivent recevoir aucun dividende.

Néanmoins, les militaires étaient déjà familiarisés avec l'idée de la coopération. Il était donc tout naturel que, pendant la guerre, étant donné la difficulté de nourrir les hommes, étant donné d'autre part l'exploitation des marchands, on songeât à créer des coopératives sur le front.

C'est ce qu'on fit dès le début. Certains chefs de corps prirent d'eux-mêmes l'initiative de créer des coopératives entre leurs hommes. Une des mieux organisées fut celle du 18e Corps, par le général Hirschauer. Ce fut un modèle. Son magasin était à Sainte-Menehould.

Voici du reste en quels termes le général Hirschauer annonçait l'existence de la Coopérative du 18e Corps :

« La Coopérative du 18e Corps s'est proposée un double but :

« 1° lutter contre l'élévation exagérée des prix du commerce local en procurant au soldat, dans les meilleures conditions de prix, ce qu'il peut avoir à acheter ;

« 2° faire un bénéfice qui sera versé au boni des ordinaires, de telle sorte que le soldat privé de ressources trouvera son ordinaire amélioré par les bénéfices qu'aura réalisés la coopérative sur ses camarades plus fortunés. »

Ces coopératives se généralisèrent : dès 1916 chaque corps d'armée, ou chaque division, là où la division opérait isolément, eût sa coopérative, avec des succursales dans les différents cantonnements.

Il n'était pas nécessaire de réunir un aussi grand capital que pour les coopératives civiles, puisque les locaux étaient fournis par l'autorité militaire ; mais il fallait tout de même un certain fonds pour acheter les premiers approvisionnements.

Au début, bon nombre de chefs de corps firent eux-mêmes les avances pour fournir les premiers fonds.

L'administration de ces coopératives, dont quelques-unes devinrent extrêmement importantes et faisaient un chiffre d'affaires de plusieurs millions, fut confiée autant que possible à des gens d'affaires ; il n'en manquait pas, puisque tout le monde était mobilisé. On n'avait pas de peine à trouver, parmi les officiers mobilisés, des commerçants, des industriels, des comptables, qui généralement, sauf quelques fâcheuses exceptions, menèrent fort bien leur coopérative.

Quant aux avances de fonds, en dehors de ces quelques cas de libéralités individuelles des chefs de corps, ce fut l'Intendance qui les fit, ce capital devant être remboursé sur les bénéfices de la coopérative.

Mais des bénéfices, y en avait-il ? Oui, on peut même dire qu'il y en eut trop. Beaucoup d'administrateurs de ces coopératives militaires mirent un amour-propre à réaliser de gros bénéfices pour montrer combien leur coopérative était bien administrée. Par là ils allaient à l'encontre du but de la coopération qui a précisément pour objet de ne pas prélever de bénéfice sur l'acheteur. C'est pourquoi on limita plus tard à 4 % le bénéfice que pouvaient réaliser les coopératives militaires.

Ce bénéfice, qu'est-ce qu'on en faisait ?

En premier lieu, il était employé à rembourser les avances faites, soit par les colonels, soit par l'Intendance. Ces avances furent remboursées très facilement.

En second lieu, on en donnait une part aux soldats. Parfois ce fut comme supplément de solde. Mais généralement, au lieu de distribuer les bénéfices aux hommes en monnaie, on préféra les employer à l'amélioration de leur nourriture.

Souvent on leur trouva un emploi très fraternel, on le réserva aux hommes qui n'avaient pas d'argent : par exemple, pour aller en permission. Les soldats voyageaient bien gratuitement mais ils avaient toujours quelques frais de voyages. On leur donnait de quoi couvrir ces frais, et même de quoi apporter quelque chose à leur famille.

Et si, après tous ces emplois, il restait de l'argent

on caisse on le gardait pour le partager au jour de la démobilisation entre les hommes nécessiteux. Certains soldats, à leur démobilisation, ont ainsi touché un petit pécule, en plus de l'allocation donnée par l'Etat.

Les résultats de ces coopératives ont été excellents. Elles ont agi de la façon la plus efficace et on peut en donner deux preuves frappantes.

La première, c'est que les coopératives militaires firent tant d'achats sur le marché que le gouvernement s'émut et dit : vous allez aggraver la pénurie et accroître la cherté pour la population civile ! Pour l'éviter on crut devoir interdire aux coopératives militaires de s'approvisionner dans le commerce ordinaire, et on leur assigna deux sièges où elles pourraient seulement acheter, l'un à Paris, à La Villette, l'autre à Lyon.

Toutefois, cette restriction ne fut pas maintenue, parce que les Chambres s'émurent et demandèrent qu'elle fût supprimée. Dès l'année 1916, l'ordre du jour suivant était voté :

« La Chambre invite le Gouvernement à rapporter les mesures prises depuis le 2 novembre 1916, au détriment des coopératives de la zone des armées, à leur assurer désormais la liberté complète de l'approvisionnement, à leur donner des facilités de transport et à les encourager par tous les moyens. »

Le Gouvernement céda et laissa les coopératives de l'armée faire leurs achats où bon leur semblait, et faire leurs transports par wagons complets sur lesquels on collait des étiquettes vertes avec cette inscription : *Service des Coopératives d'Armée. Ne pas différer.*

Voici une autre preuve du résultat qu'elles ont obtenu et qui est plus significative encore. J'ai parlé tout à l'heure des innombrables colis que les familles des mobilisés leur envoyaient au front. Eh bien ! à partir du moment où les coopératives militaires ont fonctionné ces colis ont presque disparu, parce que les soldats écrivaient à leur famille : Nous n'avons plus besoin de provisions ; nous pouvons nous procurer ici tout ce qu'il nous faut à bon marché : envoyez plutôt de l'argent. Et les familles, en effet, envoyaient de l'argent qui servait à payer les achats à la coopérative.

Ce fut un grand soulagement pour les Compagnies de chemins de fer. Il suffit de penser qu'il y avait, plus ou moins, trois millions d'hommes au front et qu'à deux colis par semaine cela faisait 6 à 7 millions de colis, soit un million par jour — sans compter les colis destinés aux prisonniers de guerre, qui continuèrent, ceux-ci, à être envoyés, et en nombre croissant, jusqu'à la fin des hostilités.

À cette occasion il est bon de faire remarquer que ce transport fut exécuté avec toute la diligence possible, malgré l'encombrement, et que les vols, qui sont un des scandales des chemins de fer en temps normal, avaient presque complètement cessé durant cette période. L'avidité des employés malhonnêtes avait tout de même cédé au sentiment de solidarité nationale.

Les coopératives d'armée ont rendu un service d'une autre nature que nous ne saurions trop apprécier, mais cette fois au mouvement coopératif lui-même. C'est la propagande qu'elles ont faites pour la coopération. Ni journaux, ni distributions de tracts n'auraient pu faire pour la coopération la publicité qu'ont faite ces coopératives militaires. Il n'y a pas un seul des 8 millions d'hommes ayant passé sous les drapeaux qui n'ait appris ainsi ce que c'était que la coopération, qui n'en ait apporté à son village ou dans sa ville un souvenir bienfaisant, et ne s'en soit fait l'apôtre auprès de ses compatriotes et de ses voisins.

Mais la même histoire que celle des coopératives d'usines s'est renouvelée ici. J'ai dit que ces coopératives d'usine, qui auraient dû disparaître après la guerre, se sont continuées sous la forme de pseudo-cbopératives, en réalité tendant à reconstituer les éco-

nomats qu'une loi de 1010 avait expressément supprimés.

Il en a été de même pour les coopératives militaires
qui, une fois la guerre finie, ont continué à fonctionner.
Il est vrai que ces sociétés sont réservées en principe
aux ex-militaires. Mais comme tout le monde en France
a été mobilisé, tout le monde pouvait en faire partie,
d'autant plus que cette faculté s'étendait aux membres
de la famille. En fait, pouvait s'y inscrire qui voulait.

Vous me direz : où est le mal ?

Le voici. C'est que celles-là aussi n'étaient que des
pseudo-coopératives, des coopératives factices. Le local
était fourni par l'autorité militaire, les moyens de transports par camions de même, les comptables étaient
des sous-officiers ou des employés militaires et souvent
même les fournitures étaient faites par l'Intendance.
Il leur était facile dans ces conditions de vendre au-
dessous des prix du commerce, mais c'est l'Etat, autrement dit le contribuable, qui payait la différence. En
sorte que, à raison de tous ces privilèges, non seulement ces coopératives militaires écrasaient les marchands de la localité mais elles ruinaient aussi les
coopératives proprement dites.

Et leur constitution était tout à fait en dehors des
principes coopératifs, car seuls les officiers étaient
actionnaires ; les hommes de troupe ne pouvaient être
qu'acheteurs ; ils n'avaient donc pas le droit de participer à la direction de la société. C'étaient donc des
sociétés coopératives aristocratiques, gouvernées par
des officiers de réserve, mais dans lesquelles les anciens
mobilisés n'étaient que le vulgaire troupeau des acheteurs, bons seulement à apporter l'argent pour les achats
et à procurer des bénéfices aux actionnaires.

C'est pourquoi les vraies coopératives ont protesté
contre ces coopératives militaires, de même que contre
les économats, et réclamé leur suppression, sans quoi
ces coopératives militaires tueraient le mouvement coopératif.

Le gouvernement a donc supprimé tous les privilèges des coopératives, notamment les exemptions d'impôts. Et dès que ces privilèges ont été supprimés, ces coopératives sont tombées, parce qu'elles étaient mal administrées. Elles étaient administrées par des anciens militaires qui n'entendaient rien au commerce et aux affaires — sans parler d'un assez bon nombre de scandales et de prévarications qui ont laissé de fâcheux souvenirs. Du jour où elles n'ont plus pu vivre d'une existence factice, elles ont successivement disparu.

Celle qui s'est maintenue le plus longtemps et qui a fonctionné jusqu'à l'année dernière, est la coopérative de Strasbourg : elle a eu une période très brillante, mais a fini aussi par céder la place à la grande coopérative civile du Bas-Rhin.

CHAPITRE VII

LES COOPÉRATIVES DE CONSOMMATION DANS LA ZONE DE GUERRE

§ 1. — Les dommages subis par les Coopératives

Dans les premières leçons de ce cours, j'ai dit comment l'occupation du territoire Nord-Est de la France avait enlevé à la Fédération Nationale les plus importantes de ses coopératives, le plus clair de ses ressources. A la veille de la bataille de la Marne, plus d'un tiers des coopératives de la Fédération Nationale avaient été occupées par l'ennemi. Après la retraite des Allemands un certain nombre furent dégagées; néanmoins, il resta dans la zone occupée, pendant plus de quatre années de guerre, 650 sociétés, sur les 3.200 qui existaient à ce moment-là ; c'était environ le 1/5 comme nombre de sociétés, mais c'était beaucoup plus comme nombre des sociétaires et comme chiffre d'affaires : 240.000 membres sur 800.000, c'est-à-dire 30 %, 90 millions d'affaires sur 300 millions, c'est-à-dire encore

30 %. C'était donc une amputation terrible pour le mouvement coopératif français et nous nous demandions s'il pourrait se relever.

Il est vrai, j'ai hâte de le dire, que ces 650 coopératives qui restèrent pendant quatre ans dans la zone occupée continuèrent à vivre, quoique sans relations avec celles de l'intérieur. Pas toutes pourtant ! un certain nombre furent complètement détruites, incendiées par les obus, tout particulièrement celles qui se trouvaient dans la zone qui eut à subir le va-et-vient des armées, telle *La Prévoyante* d'Albert, une des villes les plus totalement détruites. On sait en effet que toutes les fois que des troupes battent en retraite, elles saccagent tout sur leur passage, tant par dépit que pour ne rien laisser aux mains du vainqueur. Il y a eu certaines coopératives qui ont été prises et reprises deux ou trois fois par les belligérants. Ce n'est pourtant pas à comparer à ce qui s'est passé en Pologne, où certaines régions ont été balayées dix fois, dans un sens et dans l'autre, par le va-et-vient des armées belligérantes.

D'autres coopératives ont été pillées et je dois ajouter, pour être impartial, que bon nombre ont été pillées aussi bien par les armées françaises et alliées que par les troupes allemandes. Si désagréable que puisse être cette constatation il ne faut pas la taire. Un officier français qui avait le malheur de posséder une villa sur la ligne de ce va-et-vient des armées, non loin de Château-Thierry, me disait : « Ma villa a été pillée à peu près également par tous : Allemands, Français, Américains et Anglais ; mais ce sont les Allemands qui ont pris le moins parce qu'ils sont arrivés les derniers ».

D'autres coopératives ont eu à subir seulement des réquisitions de marchandises, mais la différence avec la confiscation n'est pas grande.

Il est donc facile de comprendre que les pertes des coopératives ont été considérables, d'autant plus que leurs directeurs étant mobilisés, et l'administration désorganisée, toute espèce de surveillance ou de contrôle était très difficile.

Pourtant il est juste de dire que généralement elles ont été respectées. Sur la devanture de ces coopératives, dans la zone envahie, à Château-Thierry, on a trouvé une inscription en allemand portant ces mots : « Laissez-les tranquilles, ce sont ici de braves gens. » Il y avait là une manifestation touchante de respect pour le caractère international de la coopération durant la guerre.

Et dans une enquête faite par Daudé-Bancel tout de suite après la guerre, il a relevé le cas d'un lieutenant allemand qui, dans un village de Lorraine, Rabodeau, prit lui-même en mains la défense de la coopérative de la localité « L'Ouvrière » contre ses propres soldats, qui étaient ivres, et non seulement les empêcha, revolver au poing, d'incendier la petite coopérative, mais les obligea à rapporter les marchandises qu'ils avaient pillées.

Pour ne pas rester dans les généralités, je voudrais prendre une ou deux de ces coopératives des zones envahies, et faire rapidement leur histoire.

Je prendrai, par exemple, l'*Union d'Amiens*.

L'*Union d'Amiens*, quand a commencé la guerre, n'avait pas grande importance ; elle comptait 3.000 membres à peu près et faisait un chiffre d'affaires assez modeste.

Quand la guerre vint, elle fut frappée par la même crise que les autres coopératives de France, et non pas seulement celle de la zone envahie, c'est-à-dire eût à subir les quatre épreuves que j'ai indiquées au début de ce cours :

1° la ruée des consommateurs qui venaient faire des provisions et thésaurisaient les denrées chez eux afin de ne pas être surpris par les événements ;

2° la ruée des sociétaires qui avaient des dépôts et venaient en réclamer le remboursement, ou qui donnaient leur démission, afin de se faire rembourser le petit capital que représentait le montant de leur action ;

3° la mobilisation du personnel qui ne laissait presque personne pour servir les clients ;

4° la diminution de la vente, parce que, faute d'argent, dès les premiers mois de la guerre, les familles dont le chef était aux armées, avaient dû suspendre leurs achats.

La coopérative d'Amiens, passa donc un moment critique.

Il ne dura pas. Pour elle comme pour les autres coopératives — car l'histoire que je fais ici de l'*Union d'Amiens* n'est qu'un cas particulier d'une histoire générale — un relèvement ne tarda pas à se produire. La société vit même le chiffre de ses affaires augmenter rapidement. En 1914, à la veille de la guerre, cette société faisait 154.000 francs par mois de ventes ; au mois de septembre, ce chiffre était tombé à 96.000 francs, mais en février 1918 il était remonté à 460.000 francs : il avait donc triplé.

L'*Union* profitait de cette prospérité pour faire des générosités ; elle envoyait des quantités de colis de provisions aux soldats du front.

Mais une crise nouvelle, celle-ci bien plus grave, allait surgir. Au mois de mars 1918 le front de l'armée anglaise était enfoncé.

Vous vous souvenez de cet épisode tragique de la guerre : le front allié fut rompu au point de jonction des armées anglaise et française, et la route d'Amiens fut ouverte. Je n'ai pas à parler ici des opérations militaires ; mais je puis dire en passant que la prise d'Amiens eût été encore plus grave pour l'issue de la guerre que ne l'eût été la prise de Verdun. Cette brèche, permettant aux Allemands d'arriver jusqu'à la mer, n'aurait plus laissé entre la France et l'Angleterre que des communications difficiles et incertaines, le chemin de fer qui faisait communiquer la France avec le Nord passant précisément par Amiens.

Heureusement la brèche fut refermée et la ville d'Amiens ne fut pas prise, mais elle se trouva sous le feu immédiat de l'ennemi et fut bombardée pendant tout le mois de mars 1918. Un grand nombre d'habitants s'enfuirent, les commerçants les tout premiers. Il ne resta que la coopérative pour fournir les aliments à la population qui n'avait pas quitté la ville. Elle fut même chargée officiellement par la municipalité d'organiser le ravitaillement.

Elle ne se borna donc pas à continuer son commerce d'épicerie ; elle y ajouta tous les produits d'alimentation. Elle ouvrit des boutiques de boucherie, de laiterie, et elle put opérer dans de bonnes conditions, par la raison que les paysans des environs, épouvantés par l'approche de l'ennemi, se défaisaient de leur bétail et de leur lait à tout prix. Elle pût donc approvisionner la population durant ces quelques mois critiques, et sous le feu de l'ennemi, recevant des obus chaque jour.

Le bombardement s'aggravant, au mois d'avril l'autorité donna l'ordre d'évacuation et enjoignit tout spécialement à la coopérative de s'en aller, parce que, disait-elle, tant que la coopérative restera, la population restera elle aussi, rassurée par sa présence.

C'est bien à regret que les trois administrateurs — il n'en restait que trois — fermèrent les portes du magasin, mais ils n'allèrent pas loin ; ils allèrent s'établir dans la banlieue, élevèrent des baraquements et continuèrent à organiser l'alimentation des réfugiés.

Aussitôt que tourna la fortune des armes, au mois de septembre 1918, et que devant l'offensive des armées françaises, anglaises et américaines, les Allemands se retirèrent, la Coopérative rentra dans la ville qui avait été abandonnée pendant cinq mois, dans laquelle nombre de maisons étaient ruinées et où l'herbe poussait dans les rues.

La dernière à s'en aller, elle fut la première à revenir. Elle rouvrit ses magasins alors qu'aucun marchand n'était encore rentré. Et elle reprit sa tâche, non seulement coopérative mais municipale et nationale, pour alimenter la population qui rentrait peu à peu. Voici la citation, assurément bien méritée, publiée au *Journal Officiel* du 4 octobre 1918, qui portait à l'ordre de la Nation MM. Cozette, directeur, Catel et Aubert, administrateurs : « Au cours des événements qui ont précédé l'évacuation d'Amiens, ils ont fait preuve de courage et d'initiative, en assurant, pendant le bombardement de la ville et sans souci du danger, le ravitaillement de la population restée à Amiens. »

L'*Union d'Amiens* a trouvé la juste récompense de ses peines et de ses efforts en ce sens qu'elle est devenue une des plus importantes coopératives de France. Il suffira de comparer les chiffres d'avant-guerre à ceux d'aujourd'hui pour mesurer le chemin parcouru.

Avant la guerre, elle avait 5.000 membres et faisait 1.800.000 francs d'affaires ; en 1927, elle réunit 55.000 familles et fait 68 millions d'affaires ; elle a 111 succursales tant à Amiens que dans la banlieue d'Amiens.

Je veux dire encore quelques mots d'une autre coopérative dont l'histoire n'a aucun rapport avec celle-là, mais qui cependant présente un des aspects intéressants de la coopération pendant la guerre. C'est l'*Union des Coopératives de Lorraine* qui a son siège à Bar-le-Duc.

Cette coopérative n'existait pas avant la guerre. Mais elle est née tout de suite après la guerre. Elle est née de ce mouvement qui, pendant la guerre et tout de suite après la guerre, a porté aux nues la coopération et en a fait une institution véritablement nationale. La *Coopérative de Lorraine* a été, on peut le dire, une fille de la guerre.

A sa naissance, l'*Union de Lorraine* a été accueillie comme aucune coopérative ne l'a été en ce monde, non seulement par les sourires de l'administration et du gouvernement, mais même par ceux du commerce ! Les Chambres de Commerce de Nancy et de Bar-le-Duc ont exprimé leurs félicitations à l'*Union de Lorraine* et ont facilité sa constitution en lui faisant une place parmi les grandes organisations commerciales. C'est là un fait exceptionnel, car vous savez que la lutte — la lutte pour la vie — entre les commerçants et les coopératives, est de règle dans tous les pays.

L'*Union de Lorraine* a profité de cette faveur générale pour devenir la première société de France ; elle est même plus puissante que celle de Paris. Actuellement, l'*Union des Coopérateurs de Lorraine* compte 75.000 familles et a ouvert 415 magasins ; elle fait pour 152 millions de francs de ventes.

§ 2 — Les secours apportés aux Coopératives des Régions Libérées

Maintenant, revenons en arrière et reportons-nous au début de la guerre.

Ces coopératives des régions envahies, il fallait les aider. Ce fut le premier souci de la Fédération Nationale des Coopératives de Consommation. Elle se fit un devoir d'aider ces sœurs séparées de la grande famille coopérative française et livrées à l'occupation ennemie. Mais que pouvait-elle faire ? Aussi longtemps que la guerre durait il était impossible de leur faire parvenir des secours. Mais il fallait se tenir prêt, dès que la guerre se terminerait, pour les faire revivre si elles étaient mortes, ou pour panser les plaies de celles qui étaient mutilées.

A cet effet, dès 1916, la Fédération Nationale constitua un « Comité des régions envahies », composé de quelques personnalités, dont certaines mêmes étaient choisies en dehors de la coopération, afin de dresser un plan de secours pour ces coopératives.

Mais je dois avouer que ce Comité des régions envahies ne fit pas grand'chose. Il y eût quelques réunions; mais que pouvait-il faire ?

Il chercha d'abord à réunir des fonds pour venir à l'aide de ces coopératives, dès qu'il serait possible de venir à leur secours.

A qui pouvait-on demander des fonds ? La première pensée qui nous vint à l'esprit, ce fût, dans un large sentiment de solidarité internationale, de nous adresser aux coopératives étrangères — non pas, bien entendu, à celles qui, comme les Belges et les Serbes, étaient comme nous sous le feu de l'ennemi — mais à celles qui avaient été épargnées et, à vrai dire, il n'y avait dans ce cas que celles d'Angleterre, puisque l'Amérique — qui n'était point encore entrée en guerre — n'a presque pas de coopératives, et qu'en Italie, le mouvement coopératif était alors déjà désorganisé.

Nous demandions à l'Angleterre, de même qu'on avait fait le front commun sur le terrain militaire, de faire aussi un seul front coopératif ; que les coopératives anglaises, belges, russes, serbes et françaises, s'unissent dans une solidarité complète, les forts et les faibles, les riches et les pauvres, pour constituer un fonds commun qui servirait à soutenir celles d'entre elles qui étaient sous le feu.

A cet effet, on convoqua, le 23 septembre 1916, une Conférence des pays interalliés ; elle se réunit à Paris et fut assez brillante comme nombre de pays représentés. Elle vota un appel à la solidarité ; en voici le principal passage :

« La Conférence des représentants des coopératives des pays alliés, réunie à Paris le 23 septembre 1916, décide que chaque nation nommera un Comité pour recueillir les souscriptions dans son propre pays, pour la reconstitution des coopératives détruites par l'invasion pendant la guerre.

« Lorsque les fonds seront réunis, un Comité des pays alliés sera formé par deux délégués de chaque nation ayant contribué à la souscription. Un membre du Comité de l'Alliance Coopérative Internationale lui sera adjoint. La première réunion de ce Comité devra avoir lieu en janvier 1917. »

A la suite d'un rapport présenté par le Secrétaire général Poisson, ce Comité fut en effet constitué.

Il semblait qu'il dût y avoir là une manifestation éloquente de la solidarité qui doit unir entre elles les coopératives des différents pays. Je dois dire cependant que cet appel n'a donné presque aucun résultat. Naturellement, comme je viens de le dire, on ne pouvait rien attendre des coopératives d'autres pays que l'Angleterre. Mais en Angleterre même on n'obtint pas plus de 4.000 livres, ce qui représentait 100.000 francs-or, le franc étant au pair à ce moment-là. Pour les coopérateurs anglais qui étaient déjà au nombre de trois millions, cela ne faisait guère que 1/3 de penny (trois centimes) par tête : c'était peu de chose. Mais on n'a pas récriminé, et on se tourna alors vers les coopérateurs français. Nous lançâmes un autre appel, celui-ci pour nos concitoyens :

« Nos coopératives de l'arrière ne sauraient oublier combien, par rapport à leurs sœurs du front, elles se sont trouvée favorisées. Non seulement elles ont vécu loin de l'invasion et de ses ravages, mais beaucoup d'entre elles, au lieu de souffrir de la guerre, en ont bénéficié, tant par l'accroissement du chiffre de leurs ventes que par l'accroissement du nombre de leurs membres.

« Ces bénéfices dûs à la guerre, il est juste qu'elles en rétrocèdent au moins une part à celles que la guerre a ruinées. »

Cet appel eût un peu plus de succès que celui adressé aux coopératives anglaises. Il y a certaines coopératives qui donnèrent largement. L'*Union des Travailleurs de Saint-Etienne*, coopérative socialiste, donna tout de suite 30.000 francs; l'*Union des Coopérateurs de Paris*, 100.000 francs ; le *Magasin de Gros*, 100.000 fr. ; la *Verrerie Ouvrière d'Albi*, une usine ouvrière dont l'histoire est célèbre, société de production et non de consommation, donna 50.000 francs. Mais au total, on n'arriva pas, je crois, à 600.000 francs.

Il faut dire qu'il n'y avait en France que 800.000 coopérateurs, dont 200.000 dans les régions envahies. Il en restait donc 600.000. Les sommes recueillies représentaient donc environ 1 franc par tête ; ce n'était pas beaucoup, mais c'était tout de même plus que ce qu'avaient donné les coopérateurs anglais, ce qui est assez naturel.

Au reste, ce résultat n'a pas étonné ceux qui ont quelque expérience de ce que peuvent donner les souscriptions volontaires, et pourtant cette même erreur a été commise récemment par le gouvernement. On s'est donné le ridicule, alors qu'il s'agissait d'amortir une dette de 200 milliards, ou tout au moins une centaine de milliards de dettes à court terme, de croire qu'il y aurait quelque chose à attendre de souscriptions volontaires. Le chiffre atteint a été misérable : on n'a jamais osé le publier (1). Mais on aurait pu penser que, chez les coopérateurs l'éducation civique, si je puis dire, serait un peu plus avancée que dans les milieux ordinaires.

L'appel aux coopérateurs français et l'appel aux coopérateurs étrangers ayant également donné des résultats misérables, à qui fallait-il s'adresser ?

Vous le savez d'avance : toujours à celui à qui on s'adresse quand il n'y a pas d'autre ressource, à l'Etat.

Il y avait, au reste, de bonnes raisons pour s'adresser à l'Etat, plus fortes ici que dans bien d'autres cas où on fait appel un peu au hasard à son intervention. Il y avait cette raison d'abord que les coopératives pouvaient être considérées comme des institutions d'intérêt national. Nous avons vu que la Coopérative d'Amiens avait

______

(1) On a fini pourtant par le faire connaître : Il s'élevait en 1927 à 310 millions, dont la plus grande partie vient de banques qui n'ont pas osé refuser une cotisation et qui l'ont inscrite sans doute au frais de publicité.

reçu officiellement ce titre d'organe de ravitaillement de la population. Elles pouvaient donc prétendre être vraiment des organes de l'Etat et, comme telles, avoir droit aux secours de l'Etat.

Il y avait une raison plus péremptoire encore. Vous n'ignorez pas que l'Etat, dès le début de la guerre avait pris l'engagement singulièrement généreux — puisqu'aucun pays ne l'avait pris jusque là, et quelque peu imprudent, l'expérience l'a montré — de rembourser tous les dommages de guerre. Il était donc tenu de rembourser les dommages causés aux coopératives comme aux particuliers, et même, pourrait-on dire, à plus forte raison. Mais ce n'est pas avec ces remboursements à longue échéance qui devaient être prélevés sur l'indemnité allemande (c'est du moins ce qu'on croyait alors) et qui devaient s'étendre par conséquent sur des dizaines d'années, que l'on pouvait reconstituer les coopératives. Il fallait tout de suite des avances, des secours d'urgence.

Dès le début, en 1915, était née une institution, dite « Le Secours National », qui avait à s'occuper précisément, comme son nom l'indique, des cas de détresse les plus urgents. On s'adressa donc au « Secours National » pour les coopératives des régions envahies, et il donna 500.000 francs. Mais c'était tout à fait insuffisant.

En avril 1917, l'Etat — j'en ai parlé déjà — institua un Fonds Coopératif pour des avances aux sociétés coopératives : il était de 2 millions. Mais ceci encore ne faisait pas l'affaire, parce que ce fonds coopératif n'était pas institué pour les circonstances de guerre ; c'était une institution normale qui était faite pour le temps de paix, qui fonctionne aujourd'hui, et dont les avances ne sont faites aux coopératives que sous de nombreuses conditions, notamment à cette condition que l'avance ne pourra jamais dépasser la moitié du capital propre de la coopérative, afin de s'assurer qu'il s'agit d'une coopérative sérieuse.

Ces conditions ne pouvaient pas s'appliquer en la circonstance. On ne pouvait pas dire aux coopératives : on va vous prêter jusqu'à concurrence de la moitié de votre actif, car elles n'avaient point d'actif.

Enfin, sur la demande instante de la Fédération Nationale, appuyée par quelques amis de la coopération, notamment par M. Albert Thomas et autres, la Chambre vota un crédit de 10 millions de francs. C'était à la fin de la guerre, en 1918, puisque ce fut à cette date seulement que le territoire envahi fut libéré.

Comme l'État ne pouvait pas se charger lui-même de la distribution de ces millions, il chargea la Fédération Nationale des sociétés de consommation de répartir ces 10 millions. La Fédération accepta ce mandat ; mais elle ne voulut pas faire elle-même la répartition qui eût entraîné un travail d'enquêtes beaucoup trop considérable, et à son tour elle délégua cette tâche, dans chaque département, à la principale coopérative, qui fut chargée de recueillir ces fonds et de les distribuer entre les coopératives de la région. Il y eût 11 coopératives entre lesquelles la Fédération Nationale répartit les 10 millions, et qui les distribuèrent suivant les nécessités de la situation de chaque société.

Cette organisation, quoique toute de circonstance, a eu d'heureuses et durables conséquences, car elle a amené le mouvement de concentration des coopératives, ces « sociétés centrales » s'étant plus tard transformées en « sociétés de développement », comme nous les nommons, c'est-à-dire en coopératives régionales qui absorbent les sociétés locales et en font de simples succursales.

Les avances ne furent pas toujours faites en argent ; elles furent faites parfois en marchandises, ou simplement en ouvertures de crédit pour des achats.

Quoique ces 10 millions fussent tout à fait insuffisants pour réparer un si grand désastre, ils furent néanmoins très utiles. Il ne s'agissait d'ailleurs là que d'un à-compte, et plus tard les réparations payées par l'État vinrent compléter largement cette première avance, en sorte que la reconstitution des coopératives des régions envahies se fit rapidement, plus rapidement que celle de l'ensemble des régions envahies.

CHAPITRE VIII

LES COOPERATIVES DE RECONSTRUCTION

§ 1. — Le Principe de la Solidarité nationale

Au cours de la dernière guerre, la France a fait ce qui, pour aucune guerre, n'avait encore été fait ; elle a déclaré que l'Etat était responsable de tous les dommages causés à la population.

Quand je dis qu'il n'y avait pas de précédent, il faut s'entendre : il y avait eu des déclarations de principe. A l'époque de la Révolution Française, en 1792, ce principe avait été proclamé de la façon la plus solennelle. Voici le texte :

« L'Assemblée Nationale, voulant donner aux nations étrangères le premier exemple de la fraternité qui unit les citoyens des pays libres et qui rend communs à tous les individus du corps social les dommages causés à l'un de ses membres, décrète l'urgence et pose le principe de la responsabilité nationale. »

Mais on s'est contenté de cette déclaration de principe et on n'a indemnisé personne.

Lors de l'avant-dernière guerre, celle de 1870, le gouvernement ne reprit pas à son compte le principe posé par l'Assemblée Nationale de 1792 : tout au contraire. Il donna bien quelques secours, mais il eut soin de dire que « l'Etat n'entendait pas créer un droit à l'indemnité, ni consacrer l'existence d'une dette de l'Etat. »

Cette fois, on a repris le principe de la Révolution et dès le 21 décembre 1914 le président du Conseil, alors Viviani, avait affirmé le principe de l'indemnisation mais sous le nom de devoir de l'Etat et sous celle réserve : « dans les limites les plus larges que permettront les capacités financières du pays ». Mais un an après, ces limites étaient supprimées et le 22 octobre 1915, par une loi spéciale, l'État se reconnaissait débiteur des dommages causés aux particuliers :

« La République proclame l'égalité de tous les Français et la solidarité de la nation devant les charges de la guerre. Les dommages causés en France aux biens mobiliers ou immobiliers par les faits de guerre, ouvrent le droit à la réparation intégrale. »

Il y a eu de longues discussions au moment du vote de cette loi, pour savoir si le principe ainsi proclamé était un acte de générosité ou au contraire si c'était véritablement un acte de justice.

Les partisans de la responsabilité de l'État firent remarquer qu'il n'y a pas seulement la reconnaissance d'un principe général, à savoir que tous les membres de la nation forment, comme on disait, en droit, une « société de gains et de pertes », pour la bonne et la mauvaise fortune, mais qu'il y avait ici quelque chose de plus : la reconnaissance d'une responsabilité de droit. En France, ce sont toujours les mêmes qui ont supporté les dommages de la guerre, ce sont toujours les malheureuses provinces du Nord et de l'Est qui, non seulement depuis qu'il y a une France mais depuis qu'il y a une Gaule, ont subi l'invasion : c'est le pays de Jeanne d'Arc.

Au contraire, les autres parties de la France ont été généralement épargnées. La partie de la France où je suis né, tout le sud-est, n'a jamais vu l'ennemi depuis le temps de l'invasion des Maures, c'est-à-dire depuis plus de mille ans. Il y a eu des guerres civiles et religieuses, mais il n'y a pas eu d'invasions ennemies.

C'est donc une singulière injustice que, dans toutes les guerres, ce soient toujours les mêmes qui supportent les dévastations et les ruines, et que, la guerre finie, on leur dise : tant pis pour vous, c'est un cas de force majeure !

La déclaration de ce principe de la responsabilité solidaire de toute la Nation pour les dommages de guerre constitue vraiment un progrès considérable : c'est un chapitre nouveau qui s'ouvre dans le Droit public.

Toutefois, sans vouloir déprécier la noblesse de ce geste, je me permettrai de croire qu'on aurait hésité à le faire si on avait prévu que la responsabilité qu'on assumait ainsi atteindrait ces proportions formidables qui semblent dépasser les forces de la Nation.

En outre, si cette déclaration a été inspirée par un sentiment de solidarité, elle l'a été aussi par la conviction où l'on était que c'était l'Allemagne qui payerait les dommages. Toute la presse n'a cessé de répéter : ! Décrétez cette responsabilité et décrétez-la intégrale ; pas de demi-mesures, que tout soit remboursé, car c'est l'Allemagne qui payera. Et il serait tout à fait immoral de la tenir quitte de ces réparations ». En sorte, que cette responsabilité des dommages de guerre avait tout à la fois le double caractère d'une réparation vis-à-vis des victimes et d'une juste pénalisation frappant les coupables !

Cette attente ne s'est pas réalisée, non qu'on puisse dire que l'Allemagne n'a rien payé ; elle a payé un certain nombre de milliards, et depuis quelque temps elle est entrée dans la voie des paiements réguliers. Seulement, ces remboursements viennent trop tard, car comme nous allons le voir, les dommages sont à peu près réglés maintenant et uniquement avec l'argent des Français.

Vous pourriez dire : mais du moins les paiements allemands serviront à rembourser les avances par l'Etat français ?

Non, parce que les paiements allemands seront absorbés d'abord, en partie par les frais d'occupation des provinces du Rhin, puis par le paiement de notre propre dette vis-à-vis de nos alliés anglais ou américains ; et, en attendant, ils sont affectés à l'exécution de travaux d'utilité publique que notre budget ne serait pas en état de supporter : électrification du Rhône, établissement de voies navigables, etc. Ce sont des emplois qui peuvent être très intéressants, mais différents de celui qui avait été prévu : cela ne servira pas à la réparation des dommages de guerre.

C'est donc la France qui a assumé et qui supportera tout entière cette dette énorme.

§ 2. — L'évaluation des Dommages

Le montant de la responsabilité que l'Etat a ainsi assumé a donné lieu à de nombreuses évaluations.

Il faut distinguer d'abord entre les dommages matériels et les dommages aux personnes.

Les dommages aux personnes se traduisent par les pensions aux invalides et aux familles (enfants, veuves, ascendants) de ceux qui ont été tués, et par différentes allocations.

Cela représente une annuité de 4 à 5 milliards. Elle n'est pas éternelle, parce que ces pensionnés meurent peu à peu ; mais heureusement pour eux, ils vivront assez longtemps, parce que la plupart d'entre eux sont encore jeunes ; et même quand ils seront tous morts, il y aura encore leurs descendants. Les Etats-Unis paient encore à ce jour un gros chiffre de pensions pour les victimes, ou soi-disant telles, de la guerre de Sécession, il y a 60 ans.

Mais laissons les réparations pour les personnes et ne parlons que des dommages matériels.

L'évaluation de ces dommages matériels a varié. Ils ont été, au début, un peu exagérés ; on pensait qu'il valait mieux en mettre plus que moins. On a dit d'abord 138 milliards (rapport de M. Lucien Hubert) ; puis, on a un peu diminué et on a dit 120 milliards, puis 98 milliards ; finalement, le chiffre donné hier par le Ministre des Régions Libérées, M. Lebrun, est de 80 à 82 milliards, dont la plus grande partie a déjà été payée. Il ne reste plus à régler qu'une quinzaine de milliards (1).

On ne peut donc pas dire qu'on s'en soit tenu, comme en 1792, à une simple déclaration de principe : on a promis et on a payé, et même, comme nous allons le voir, on a parfois un peu trop payé.

Voici comment se décomposent ces dommages matériels. Je prends l'évaluation qui a été un peu réduite depuis lors, mais qui a été longtemps officielle, celle de 98 milliards. Ils se décomposaient ainsi :

Maisons d'habitation	37 milliards.
Mines, chemins de fer, fabriques.	39 milliards.
Terre cultivée...................	22 milliards.
TOTAL.....	**98 milliards.**

On aurait pu croire que les maisons seraient relativement épargnées. Il n'y avait pas ici, en effet, pour l'ennemi, les mêmes motifs de destruction que pour les usines et les mines. Si l'Allemagne a apporté un génie véritablement satanique à détruire tous les instruments de production en France, afin de supprimer sa concurrence pendant un temps sinon indéfini, du moins assez long — on ne voit pas pour les maisons, quel avantage elle pouvait trouver à les détruire. Elles l'ont été pourtant et dans une proportion formidable. Les unes, parce que ces villes et ces villages servaient d'abri aux troupes, et naturellement, ont été bombardées. Quelques-unes aussi ont été détruites en punition de crimes imaginaires imputés à la population. En outre, il ne faut pas oublier que beaucoup ont été détruites

(1) D'après les derniers chiffres donnés à la Chambre à la date où s'impriment ces pages (janvier 1928), le total des réparations s'élève à 85.765 millions francs, dont 73 sont payés et 13 encore dûs par l'Etat

par le feu des Français et alliés, quand ils faisaient une poussée en avant.

Sur 3.400 communes qui existaient dans les régions envahies, il n'y en a pas eu plus de 500 à 600 qui soient restées indemnes. Il y a eu des villes entières dont il n'est pour ainsi dire rien resté. Par exemple, la ville de Reims avait 16.000 maisons : 12.000 ont été complètement détruites ; presque toutes les autres ont été détériorées ; 14 seulement sont restées indemnes. A Saint-Quentin, sur 14.000 maisons, 200 seulement sont restées intactes.

Quel a été le nombre de maisons détruites ? Les chiffres donnés ont beaucoup varié. D'abord on donna (rapport Dubois) le chiffre de 220.000 maisons détruites totalement, 342.0000 partiellement. Plus tard, ces chiffres devinrent 347.000 destructions totales, 395.000 destructions partielles.

Cela paraît beaucoup, malgré les explications que je viens de donner, et les économistes étrangers ne se sont pas fait faute de dire qu'ils étaient très exagérés.

Il faut savoir, en effet, qu'en France, d'après les statistiques officielles, il n'y avait que moins de 9 millions de maisons sur tout le territoire. Or, la superficie du territoire occupé par l'ennemie n'a pas dépassé 4 % de la superficie de la France. Il semble donc que si les maisons étaient réparties également dans tous les départements, il ne devait pas y avoir dans ces régions-là plus de 400.000 maisons. Il est vrai qu'il faut considérer que cette partie de la France était la plus peuplée, la plus riche, et que par conséquent le nombre des maisons par kilomètre carré devait être certainement très supérieur à ce qu'il est dans les autres départements. Il faut remarquer aussi que l'invasion au début a dépassé de beaucoup l'étendue des régions effectivement occupées. Néanmoins, même en doublant le chiffre et en supposant qu'il y eût 800.000 maisons, comment admettre qu'il y en ait eu 740.000 détruites, totalement ou partiellement ? Car la plupart des grandes villes, comme Lille, Roubaix, Douai, qui n'ont pas eu de bombardement à subir, ont eu toutes leurs maisons indemnes.

Il doit donc y avoir quelque exagération dans ce nombre, même en admettant que dans la zone de guerre toute maison ait eu le privilège de se faire porter sur la liste des sinistrés !

Ce n'est pas seulement en ce qui concerne le nombre de maisons endommagées, mais aussi en ce qui concerne leur valeur, que le chiffre ci-dessus est surprenant au premier abord. En effet, d'après les statistiques de l'Enregistrement la valeur *totale* des maisons en France avant la guerre ne dépassait pas 60 milliards de francs, soit guère plus de 6.000 francs par maison. En admettant donc le chiffre invraisemblable de 347.000 maisons détruites en entier, et 395.000 plus ou moins endommagées, on ne devrait arriver qu'à un total de 3 à 4 milliards de francs.

Ces contradictions avaient été signalées par l'économiste anglais Keynes, dans un livre qui fit scandale en France et fut qualifié d'acte de trahison vis-à-vis de la cause des Alliés. Et pourtant nous serions trop heureux aujourd'hui d'obtenir l'indemnité, quoique réduite, qu'il nous attribuait (1).

J'avais moi-même déjà encouru un blâme sévère pour avoir relevé ces exagérations dans un article de journal que M. Keynes a cité comme référence dans son livre.

Cependant si l'exagération me paraît évidente en ce qui concerne le nombre de maisons détruites ou endommagées, elle est moindre qu'il ne semble en ce qui concerne leur valeur et voici pourquoi.

_____

(1) Exactement 9.176.000 en 1010 ;
Valeur vénale 59.583 millions, soit en moyenne 6.286 fr. par maison.
(*Annuaire Statistique de la France*).

(1) M. Keynes, professeur à l'Université d'Oxford, a assisté comme conseiller du gouvernement anglais aux délibérations du grand Conseil Inter-Allié qui a rédigé le Traité de Versailles et il en a fait un tableau inoubliable dans son livre *War Indemnity* (1922).

a) Il ne faut pas oublier que l'évaluation actuelle est faite en francs papier, tandis que l'évaluation 1914 était en francs-or ; c'est-à-dire que les 6.286 francs d'avant-guerre comme valeur moyenne des maisons, représenteraient aujourd'hui environ 25.000 francs-or. Si l'on préfère, les 37 milliards de dommages ne représentent pas même 8 milliards d'avant guerre.

b) Les 37 milliards indiqués comme chiffre correspondant aux dommages aux maisons, ne s'appliquent pas seulement aux maisons proprement dites, mais comprennent aussi les monuments publics, églises, écoles, mairies, hôpitaux, dont le nombre se chiffre par milliers (17.616 édifices publics).

Et il comprend aussi le mobilier dont la valeur a été la plus surfaite dans les déclarations des sinistrés.

Si l'on fait cette double déduction, le chiffre du dommage serait réduit de moitié.

c) Enfin, rappelons que les régions du Nord étant plus riches que celles du reste de la France, la moyenne de la valeur des maisons devait certainement être plus élevée.

Néanmoins on ne peut contester qu'il n'y ait eu une part d'exagération, par suite des majorations abusives dans les déclarations des sinistrés, et la preuve en a été donnée par des condamnations.

Mais ce qu'on peut dire c'est que cette majoration des dommages était inévitable ; il en a été de même dans tous les pays. Et cela, pour deux raisons.

La première, c'est que quiconque réclame une indemnité, demande toujours plus, sachant que même s'il ne demandait que le juste prix, on imposerait un rabais. C'est le marchandage. On sait bien que lorsqu'il s'agit d'expropriations pour cause d'utilité publique, les demandes d'indemnités présentées par les propriétaires sont toujours majorées, parfois du double et plus, et le plus souvent elles sont accordées par les jurys.

or, si en temps normal ceux qui ont des indemnités à

demander exagèrent le chiffre de leurs prétentions, je vous laisse à penser combien ils sont tentés de la majorer encore quand on ne cesse de leur dire : « c'est l'ennemi qui payera, ne vous gênez pas ». Quand on réclame à l'Etat on peut être retenu par un certain scrupule civique ; mais si on doit être payé par l'ennemi, il n'y a pas à se gêner : la majoration prend une sorte de caractère patriotique, c'est une pénalité infligée aux dévastateurs. Les journaux les plus sérieux, comme *Le Temps*, disaient aux sinistrés : « demandez une réparation intégrale, vous ne demanderez jamais trop !» —

Une autre cause de majoration a été l'intervention des intermédiaires. Représentez-vous ce qu'a été cette occasion, unique au monde, d'une entreprise représentant une centaine de milliards ! Imaginez ce qu'il a dû s'abattre sur cette immense proie de spéculateurs, d'experts, d'architectes, de prêteurs d'argent, d'usuriers, de commissionnaires, tous étant intéressés à ce qu'on majorât les indemnités parce que leurs profits étaient en proportion des indemnités.

Ces intermédiaires allaient trouver les sinistrés et leur disaient : vous ne demandez pas assez ; il faut forcer la note. Comment résister à ces invitations qui venaient de toutes parts ? Ajoutez encore les frais généraux de l'opération qui, naturellement, figurent dans le coût : il y a eu jusqu'à 65.000 fonctionnaires !

Enfin, voici la cause principale qui explique ces majorations. Cette indemnité n'était pas simplement, comme celles payées par les Compagnies d'assurance à la suite d'un incendie, l'équivalent de la valeur de la maison détruite, jamais plus, presque toujours moins : c'était la dépense à faire pour reconstruire des maisons nouvelles à la place de celles démolies.

Or, on peut imaginer, dans ces conditions, combien le coût de reconstruction devait subir de surenchères !

Il a fallu faire un appel incroyable à tous les moyens de production : entrepreneurs, capital et main-d'œuvre. Il s'en est suivi naturellement des majorations de prix.

Il ne faut pas trop jeter la pierre à l'Etat, Il ne faut pas dire qu'il a prêté la main à ces majorations. Non. Il a fait ce qu'il a pu pour les empêcher.

La preuve, pour ne donner qu'un chiffre, c'est que le total des demandes en indemnités s'est élevé à 115 milliards et que le montant des indemnités payées ne dépassera pas 85 milliards. Il y a donc eu un rabais de 30 milliards, 26 p. 100, ce qui est considérable.

D'abord, l'Etat a établi des commissions pour régler les prix. Dans chaque canton, il y avait une commission et auprès de cette commission, il y avait un représentant de l'Etat, une sorte de ministère public chargé de défendre les intérêts de l'Etat contre les exigences des sinistrés.

Et il faut rendre cette justice à l'Etat. qu'il n'a pas dit aux juges : « c'est l'Allemagne qui payera ». Il a dit, au contraire : « faites attention ! c'est moi qui suis responsable ; plus tard, j'aurai mon recours contre l'Allemagne, j'inscris ce que je paye au compte des dépenses remboursables, mais enfin, présentement, c'est moi qui dois payer : ne tirez pas sur moi à coups de fusil. »

Ces précautions n'ont pas empêché les abus dont je parlais tout à l'heure. On a pu en citer malheureusement mille exemples. Un député du Nord, M. Inghels, s'est fait une spécialité de dénoncer à la Chambre, depuis dix ans, ces abus. Il y a d'ailleurs perdu son siège de député, car on ne l'a pas réélu. Je me contenterai d'en citer un ou deux au hasard.

Voici une grande filature de la région de Lille ; dès que l'armistice a été signé et que l'ennemi a évacué la région, c'est-à-dire fin 1918, cette grande filature a écrit au Préfet du Nord en ces termes :

« Notre fabrique est prête à fonctionner comme par le passé ; il ne manque pas une broche à un métier. Si vous nous assurez la matière première indispensable, nous pouvons immédiatement donner de l'ouvrage à 3.000 ouvriers. »

Or, l'année suivante, cette filature demandait 1.000.000 francs pour les pertes qu'elles disait avoir subies; et 4 millions pour la reconstitution de la fabrique.

Voici un autre exemple :

Un industriel dont l'usine avait été détruite en 1914, avait fait à ce moment à la Mairie, une déclaration de dommages de 600.000 francs. En 1922, pensant que cette déclaration était oubliée ou perdue, il réclama 13 millions. Mais le contrôleur retrouva la déclaration de 1914 et offrit le montant multiplié par le coefficient 5, soit 3.150.000 francs. Le tribunal aurait dû déclarer déchu de tout droit, ce fraudeur. Cependant, il accorda non seulement l'indemnité offerte par le contrôleur, mais plus du double, 8 millions.

A la suite de la dénonciation de ces faits à la Chambre, le gouvernement aggrava les formalités du contrôle. Il établit une commission « dite de préconciliation » pour les dommages supérieurs à 1 million, et même elle institua une commission de révision pour les indemnités déjà touchées, quand elles dépassaient 5 millions. Mais cette rétroactivité a suscité non sans raison, de vives protestations et n'a donné que peu de résultats (1).

§ 3. — Le règlement des indemnités

Comment s'y prenait-on, pour fixer les prix ? La loi a résolu ce problème qui était très difficile, car comment faire pour fixer la valeur d'une maison qui a été détruite ?

Voici la procédure qui a été établie :

1° On évalue ce que la maison détruite aurait coûté à construire dans les mêmes conditions, en 1914, avant

---

(1) Le Ministre des travaux publics, M. Tardieu, a dit à la Chambre (Janvier 1928) qu'il avait engagé 2.170 poursuites correctionnelles, envoyé à la Commission de Révision 2.251 dossiers, mais que néanmoins le montant des réductions déjà faites ou restant à faire sur les indemnités déjà accordées ne dépasseraient pas 300 millions, soit guère plus de 3 p. 1.000 sur le total.

la guerre. Il n'était pas aisé de faire ces évaluations rétrospectives, mais les architectes, sur le vu du plan de la maison, reconstitué parfois par des témoins, arrivaient à dire à peu près ce que la maison pouvait valoir, au prix de construction de 1914.

2° On déduisait de ce chiffre ce qu'on appelait le coefficient de vétusté : telle maison aurait coûté tant à construire en 1914; mais comme elle avait deux ans, dix ans ou cinquante ans, un rabais correspondant était fait sur ce prix.

Il s'est trouvé, en effet, de vieux châteaux achetés à vil prix avant la guerre. Devait-on prendre pour base, non le prix d'achat payé par le propriétaire, mais la somme qu'aurait coûtée la construction de ce château en 1914 ? C'eût été énorme.

3° On calculait quels sont « les frais supplémentaires », c'est-à-dire quel est le prix que coûterait la reconstruction de la même maison actuellement. On cherchait « le coefficient », comme on dit, du prix de reconstruction.

Ce coefficient a varié d'une année à l'autre; il a atteint, en 1920, 6,55; c'est-à-dire qu'il fallait payer 6 fois 1/2 le coût de construction de 1914. Donc pour ce qui, en 1914, aurait coûté 10.000 francs, on donnait en 1920 65.000 francs. En outre, ce coefficient a varié selon qu'il s'agit de maisons, ou de mobilier, ou de marchandises (il a atteint jusqu'à 20 pour le lin ou le coton).

Actuellement, le coefficient a un peu baissé, il est entre 4 et 5; une maison de 10.000 francs avant la guerre, vaut donc aujourd'hui de 40 à 50.000 francs.

Mais c'étaient là des calculs fort délicats, dans lesquels experts et architectes avaient beau jeu. Et nous arrivons ici à une disposition qui a été la source des abus les plus graves.

L'indemnité donnée au sinistré et calculée sur le prix de reconstruction, implique nécessairement l'idée qu'il va employer son indemnité à la reconstruction. C'était, en effet, la première idée du législateur.

Mais immédiatement un tolle s'est élevé parmi les sinistrés qui ont dit, appuyés par la plus grande partie de la presse : « Pas du tout ! vous ne devez pas subordonner le payement de l'indemnité à une obligation de remploi ni à aucune condition. C'est une dette de l'Etat et quand on paye une dette, on n'a pas le droit de dire au créancier qu'on ne la remboursera qu'à telles ou telles conditions » (1).

Cette thèse a pourtant suscité des critiques auxquelles je m'associe pleinement. Nous disons : non, ce n'est pas ici une dette véritable. Quand il s'agit d'une Compagnie d'assurance, elle doit rembourser le montant de la maison incendiée en exécution de son contrat, et parce qu'elle a reçu sous forme de primes le montant du risque.

Mais ici, ce n'est pas le cas. L'Etat, en droit, ne devait rien : le dommage était incontestablement un cas de force majeure. Si l'Etat a consenti à payer c'est dans un esprit de solidarité ; mais le devoir social qu'il croit devoir remplir implique aussi un devoir social de la part de celui qui sera indemnisé, et ce devoir social, c'est d'employer l'indemnité au relèvement du pays.. Si l'Etat fait l'énorme sacrifice de centaines de milliards c'est pour relever la nation, c'est pour la remettre dans la situation où elle était avant la guerre. Et celui qui, recevant cet argent, le placerait pour s'en faire des rentes et aller tranquillement les manger à la ville, commettrait une véritable trahison vis-à-vis du pays et vis-à-vis des contribuables puisque ceux-ci auront à

---

(1) Voici en quels termes cette thèse était défendue au Sénat par un sénateur, d'ailleurs grand industriel de ces régions, M. Touron :

« Je vous en conjure, n'allez pas donner à votre loi un caractère de brutalité qui effacerait en partie votre geste de solidarité. Vous êtes décidés à accorder aux victimes de l'invasion la réparation intégrale, à faire le geste large, avec tout votre cœur ; vous n'entendez pas marchander. Dès lors, ne commettez pas la faute d'imposer des conditions à ceux auxquels vous voulez donner le moyen de se relever.

« N'allez pas attacher à la restitution que vous leur accordez un caractère de servitude. Laissez-leur la liberté à laquelle ils ont droit comme tous les citoyens français, eux qui ont tant souffert !

« Donner et retenir ne vaut. »

payer à perpétuité, sous forme d'impôts, la rente du capital qui lui aura ainsi été versé. Il faut donc subordonner le paiement de l'indemnité à l'obligation du remploi.

Le législateur, après de longues hésitations, s'est arrêté à une solution transactionnelle. Il a renoncé à exiger la reconstitution en nature à la même place. On n'a pas voulu imposer au filateur dont l'usine avait été détruite, ou au bourgeois dont la maison avait été démolie, de reconstruire une filature ou une maison sur les emplacements des anciens édifices. C'eût été un peu dur. Il faut considérer que lorsqu'une guerre pareille a passé sur une région, on ne peut pas toujours revenir à l'état de choses existant et il n'est pas facile, même avec beaucoup de bonne volonté, de faire revivre le passé.

Certaines des régions de la zone rouge étaient, après la guerre, un véritable enfer. On ne pouvait imposer à ceux qui avaient fui d'y retourner et d'y rester. S'il s'agit d'une fabrique dont le chef peut-être avait été tué à la guerre, pouvait-on imposer à ses héritiers la reconstruction de la fabrique ; qui la dirigerait quand elle serait rééditiée ?

On s'est donc contenté d'exiger le remploi, mais sous une forme d'une construction quelconque au gré de l'indemnisé, sous la seule condition de ne pas s'éloigner à plus de 50 kilomètres. Bon nombre ont profité de cette latitude pour se faire construire des villas d'agrément, mais comment l'éviter ?

Et s'il en est qui ne veuillent pas faire reconstruire, même en usant de cette tolérance du rayon de 50 kilomètres, seront-ils déchus et ne leur donnera-t-on rien ? Si, on leur donne tout de même une indemnité; seulement on leur dit : « Puisque vous ne voulez pas faire reconstruire, nous ne vous donnerons pas la somme qui serait nécessaire pour la reconstruction, mais simplement l'indemnité représentant la valeur de votre maison avant la guerre, comme aurait fait une Compagnie d'assurance contre l'incendie. »

Et même on ne leur donne pas cette indemnité en monnaie mais sous forme de titres, des obligations d'Etat et inaliénables pendant cinq ans. (loi du 5 février 1923).

Mais alors ces sinistrés se trouvant assez maltraités, relativement aux autres, demandèrent la faculté de pouvoir transférer à d'autres, sinistrés ou non sinistrés, leur droit de reconstruction. Ils dirent : « nous avons le droit de faire reconstruire nos maisons dans un rayon déterminé; ce droit, dont nous ne voulons pas user personnellement, nous allons le céder à ceux qui voudront nous l'acheter ». C'est ce qu'on appelle le droit de cession.

Les sinistrés, ou plutôt leurs représentants, ont tellement insisté que finalement le législateur a admis le droit de cession. Il a donné lieu aux abus les plus extravagants que l'on puisse imaginer (1).

En effet, il s'est institué un vrai commerce, un marché de ventes de ces droits dans les régions libérées. On voyait sur les murs de toutes les villes de ces régions, même sur les murs sacrés de Verdun, des affiches :

Dommages de Guerre
à vendre aux enchères publiques

Perte subie	12.836 fr. 40
Frais supplémentaires	42.902 fr. »
Vétusté	1.721 fr. »
	63.459 fr. 40

Mise à prix : 13.000 francs.

Les dommages peuvent être réemployés dans tout l'arrondissement de Verdun.

---

(1) Voici quelques exemples qui ont été cités à la Chambre :
Cession par un facteur-receveur dans l'Oise d'un droit à l'indemnité pour une petite maison ; prix de cession 2.500 fr. Prix touché par l'acquéreur 225.000 francs.
Cession d'une propriété rurale au prix de 22.000 fr. Indemnité touchée par l'acquéreur 548.000 francs.
Une autre vendue 150.000 fr. Indemnité touchée 7 millions.
Il est possible qu'il y ait dans ces cas et dans cent autres pareils

Cent affiches du genre de celle-ci, lue sur les murs de la mairie, ont sollicité les acquéreurs. On voit par là ce que l'État y a perdu ! Si cette cession n'avait pas été possible, l'État aurait simplement donné au sinistré la modeste indemnité équivalente à la valeur de la maison en 1914, tandis qu'une fois le droit cédé, l'État a été obligé de payer le sextuple ou le décuple — et sans que cette plus-value bénéficiât au sinistré.

Si pourtant ces cessions n'avaient été faites qu'à des voisins, à d'autres sinistrés désireux de s'arrondir un peu, ou aux grandes industries qui ont profité de ces cessions pour s'agrandir, cela aurait pu encore passer.

Mais il est venu des acheteurs qui n'étaient pas du tout des sinistrés, ni même des habitants des régions dévastées, et qui cherchaient seulement à faire une bonne affaire. Ils ont « acheté des dommages » pour se faire construire des châteaux où ils sont allés vivre, tandis que les sinistrés quittaient le pays.

Cependant, il y a eu aussi quelques bons côtés en regard de ces abus. Il y a eu des œuvres charitables qui se sont présentées comme concessionnaires : par exemple, la grande société des Foyers du Soldat, qui s'était fondée pendant la guerre pour installer des cercles, salles de lecture, etc., pour les soldats.

La plus grande partie des cités ouvrières, véritables cités-jardins, installées par les Compagnies minières, l'ont été sur des terrains acquis par cession.

Des coopératives en ont aussi bénéficié : par exemple, le Magasin de Gros des Coopératives de France, lui aussi, a « acheté des dommages » et a fait une bonne opération.

On ne peut donc pas dire que les cent milliards payés aient été perdus. Ils le sont pour l'État, ils grèveront à

certaines circonstances explicatives et il ne faudrait pas généraliser ces exemples. Mais en moyenne on a évalué le montant des indemnités touchées par les cessionnaires à 6 fois le prix des dommages qu'ils avaient payé pour la cession.

jemais le contribuable, à moins qu'une dépréciation croissante du franc ne vienne le soulager. Mais il faut voir qui les a touchés. La plus grande partie a passé aux sinistrés et leur a rendu leur ancienne fortune avec une notable plus-value. Une partie est tombée dans la poche des mercantis-et des intermédiaires, des usuriers dont je parlais tout à l'heure, et a servi à créer de nouveaux riches. Mais une partie aussi, et importante, a servi à développer l'industrie nationale. Il est possible que les Compagnies aient exagéré leurs dommages ; mais elles ont employé le trop-perçu à construire des usines modèles, à donner aux mines l'outillage le plus parfait; elles ont fait de cette France du Nord une région industrielle qui est aujourd'hui au niveau des plus perfectionnées du monde — et telle qu'elle n'aurait jamais été réalisée sans la guerre.

Et ainsi la mauvaise intention qu'avait eue l'ennemi de ruiner notre industrie, a été complètement déçue. C'est la moralité de cette histoire.

Mais n'aurait-on pu faire ces réparations à meilleur marché ? C'est une question intéressante qui a été souvent posée. On peut y répondre affirmativement. Dans diverses hypothèses des économies auraient pu être réalisées.

D'abord il est évident que si le principe de l'indemnisation par l'Etat n'avait pas été votée, les sinistrés, réduits à faire les réparations eux-mêmes, à leurs frais, auraient visé à l'économie, et dans ces conditinos les dépenses auraient été extrêmement réduites. Mais c'était une solution cruelle et il ne faut pas regretter qu'elle ait été écartée.

Dans une autre hypothèse aussi, les dépenses auraient pu être fortement diminuées; c'est si l'Allemagne avait été chargée de la reconstitution. Autant les Allemands ont déployé de génie à détruire, autant ils en auraient mis à reconstruire si on leur avait donné cette tâche.

Et le traité de Versailles le prévoyait expressém nt.

L'Annexe IV au chapitre des Réparations exige que l'Allemagne, « en satisfaction partielle de ses obligations... applique ses ressources économiques directement à la restauration matérielle des régions envahies des puissances alliées et associées, dans la mesure où ces puissances le détermineront ».

Si ce texte avait été appliqué, la France aurait économisé les 85 milliards qu'elle a dû ou devra emprunter et elle eût été libérée des 5 ou 6 milliards d'intérêts qu'elle aura à supporter durant je ne sais combien d'années pour le service de ces emprunts. Et l'Allemagne elle-même y eût gagné, car le coût de reconstitution eut été moindre pour elle que le montant de l'indemnité qu'elle aura à payer, même après toutes les réductions qui lui ont été consenties. M. Rathenau, le grand économiste et industriel allemand, quelques jours avant sa mort — vous savez qu'il a été assassiné — disait : « Je me charge de reconstruire toutes les régions dévastées pour une somme de deux milliards et demi de dollars », ce qui représentait 12.500 millions de francs-or, ou, en comptant en francs d'aujourd'hui, 50 milliards de francs-papier.

Pourquoi n'a-t-on pas accepté cette proposition des Allemands ? L'Allemagne et la France se sont renvoyés réciproquement l'accusation de mauvaise volonté. Et il y a une part de vérité de chaque côté, en effet, car il est vrai qu'il n'y a eu de bonne volonté ni de la part de l'Allemagne ni de la part de la France. Et cela s'explique par des raisons très simples.

En ce qui concerne la France, d'abord, on a prétendu que la population serait irritée de voir revenir sur ses ruines les mêmes hommes qui les avaient faites. Nous ne pouvons pas accepter, disait-on, que ceux qui ont incendié et pillé nos maisons viennent s'installer au milieu de nous. Il en résulterait des conflits avec la population.

A la tribune, des ministres français ont dit : « Nous ne pouvons pas tolérer cette pensée de voir revenir les

Allemands, au milieu de nos populations ravagées; ce serait insulter les sinistrés ».

Mais était-ce l'opinion des sinistrés ? Ce n'est pas sûr du tout. Ces malheureux qui ont attendu pendant des années sur leurs maisons en ruines, auraient accepté le diable lui-même si, comme dans les légendes médiévales, il était venu s'offrir pour les réparer en une nuit. D'ailleurs la C. G. T. offrait son patronage.

Et en voici la preuve. M. Loucheur, à ce moment ministre des réparations, pressé par les coopératives de reconstruction dont je parlerai tout à l'heure, qui lui demandaient d'utiliser la main-d'œuvre allemande puisqu'elle s'offrait, M. Loucheur répondit : « Je ne le ferai que si 80 % de la population l'accepte ». On fit un sondage, sous forme de plébiscite dans 13 communes du département de la Somme, dans la région de Chaulnes. On fit voter la population sur la question suivante : Voulez-vous, pour réparer vos ruines, la main-d'œuvre allemande ? — Or le vote donna 85 % de réponses affirmatives et 15 % de réponses négatives.

Mais ce vote fit scandale dans le monde officiel; et le gouvernement dit au Préfet de la Somme de s'arranger pour faire recommencer le vote. Voilà comment se font d'ailleurs tous les plébiscites ! Et avant de recommencer le vote, on eut soin de faire la leçon aux populations ; on leur montra tous les inconvénients que pourrait avoir l'emploi de la main-d'œuvre allemande; on leur dit aussi : « Qu'est-ce qu'il vont faire, ces Allemands ? Des maisons de camelote, construites en séries, par la standardisation ; comme on fait des bicyclettes. Ce n'est pas ce que vous voulez ; chacun de vous veut retrouver sa petite maison. »

On fit si bien qu'au second vote la majorité fut retournée : il n'y eut plus que 49 % des voix pour, tout de même presque exactement la moitié, et 51 % des voix contre. Et le gouvernement dit : la question est réglée.

Mais si on ne voulait pas, pour des raisons de sentiment, de la main-d'œuvre allemande, il semblait tout au moins que la réception de matériaux allemands ne dût froisser le patriotisme de personne : le bois, le fer, la pierre, les tuiles, nous manquaient pour la restauration de nos régions dévastées et la surenchère faisait monter le prix de tous ces matériaux dans des proportions insensées.

Oui, mais alors se dressait une autre objection ; celle-ci n'était pas une objection de sentiment mais d'intérêt. Les industriels français s'écriaient : Vous voulez nous mettre sous le coup d'une concurrence de produits allemands ! Et quelle concurrence ! des produits qui seront livrés gratuitement en paiement de l'indemnité de guerre ! Pour écarter ces appréhensions des industriels, on leur dit : nous ne ferons pas venir de produits manufacturés, mais seulement les matières premières dont nous manquons précisément en France. Et les coopératives, dont nous parlerons plus loin, demandèrent que la Commission des Réparations, qui a eu successivement pour président M. Dubois, puis M. Barthou, acceptât ces matières premières. Elles dirent qu'elles avaient besoin de 55.000 mètres cubes de bois. Le bois fut promis. Mais comme le bois n'arrivait pas, M. de Lubersac, président du groupement des coopératives et en même temps sénateur, posa une question au ministre : « Et notre bois ?... La réponse du ministre des Régions libérées vaut la peine d'être reproduite :

« Mon cher collègue, vous avez bien voulu me demander ce que j'avais fait relativement à la fourniture de bois par l'Allemagne. Ainsi que je vous l'avais fait prévoir, j'ai annulé le contrat avec l'Allemagne, pour les 4/5° des fournitures de bois qui avaient été envisagées. En effet, la Commission des Réparations m'ayant transmis votre demande, j'ai répondu que les stocks existant en France étaient suffisants et que je n'avais pas, en conséquence, besoin de produits allemands. »

C'était tout simplement les marchands de bois français qui lui avaient dit : « nous n'avons pas besoin de bois allemand, nous en avons assez en France », mais ce n'était pas vrai. On finit cependant par accorder aux coopératives de construction les 55.000 mètres cubes de bois qu'elles avaient demandé, mais pas davantage.

De même pour les wagons. Nous n'en n'avions plus ; on en a demandé 4.000 à l'Allemagne. Les constructeurs français protestèrent.

De même encore pour les instruments de laboratoire. Vous savez que l'Allemagne avait la spécialité des instruments pour laboratoires de physique et chimie, dont les laboratoires français, y compris ceux du Collège de France, sont malheureusement très dépourvus. C'était une occasion unique de refaire les outillages des laboratoires français, en les faisant venir de l'Allemagne au titre de réparations de guerre.

Là aussi on se heurta à la protestation énergique des fabricants d'instruments de physique et d'optique français, qui déclarèrent qu'il était inadmissible qu'on allât prendre à nos ennemis de quoi refaire nos laboratoires.

Il n'y a eu qu'une livraison pour laquelle on a admis des prestations en nature de l'Allemagne sur une grande échelle, même pour des milliards, c'est le charbon. Mais celle-ci précisément est en dehors de la question puisqu'elle ne sert pas aux réparations. On a installé à Strasbourg un Office spécial qui depuis l'armistice est chargé de recevoir le charbon allemand. Si on a accepté ces livraisons, c'est parce qu'il n'y a pas assez de charbon en France et que par conséquent les Compagnies de charbonnage ne pouvaient faire aucune objection.

Ce n'est qu'aujourd'hui, ce qui est assez piquant, qu'on commence à reconnaître qu'il serait sage d'user des prestations de l'Allemagne, parce qu'elle ne peut pas payer autrement. Mais maintenant que va-t-on faire des prestations de l'Allemagne, puisque la reconstitution des régions libérées est à peu près terminée ? On va les utiliser pour les grands travaux publics, pour l'électrification du Rhône et des rivières du Plateau

Central, ou pour l'élargissement de nos voies navigables.

C'est fort bien, cet emploi pourra servir à la production nationale et par là ultérieurement à l'enrichissement de la France, mais cela ne diminuera pas d'un centime la charge qu'aura été pour nous la restauration des pays dévastés.

Et maintenant, en ce qui concerne l'Allemagne, il est facile de comprendre pourquoi, elle aussi, a mis peu de bonne volonté à ces paiements en nature. Les industriels allemands disaient : « nous sommes tout prêts à vendre à la France ce dont elle a besoin ; elle n'a qu'à faire des commandes, nous les livrerons ». Mais quand on leur disait que c'était au titre de réparation, ils se dérobaient parce qu'il fallait alors qu'ils se fissent payer par le gouvernement allemand, et le règlement de leurs factures ne se faisait pas sans retards ni difficultés. Il est certain que le gouvernement allemand ne les payait pas volontiers et même lorsqu'a commencé l'occupation de la Rhur, le gouvernement allemand a déclaré qu'il ne les payerait plus du tout. C'était donc, pour les industriels allemands, un risque à courir, un paiement subordonné à des incidents politiques.

D'autre part, il y avait aussi un certain sentiment patriotique chez les industriels allemands qui s'opposait à ces livraisons, car elles étaient faites au titre des réparations ; or, beaucoup d'entre eux prétendaient que l'Allemagne ne devait rien.

Mettons-nous à leur place. Supposons que les États-Unis viennent nous dire : « vous nous devez des milliards, vous allez nous livrer des marchandises gratuitement, et nous imputerons le prix sur votre dette » : ne pensez-vous pas que bon nombre d'industriels français refuseraient de se prêter à cette opération et s'écrieraient : nous n'avons pas à payer les dettes de l'État, ni surtout des dettes que nous considérons comme injustes et devant être annulées.

Il y avait encore une difficulté pour la fixation des

prix. Le gouvernement allemand, qui portait les prix en décompte de l'indemnité de guerre, s'efforçait de faire accepter les prix les plus élevés possibles. Et la Commission des réparations ne s'y opposait que mollement, parce que, plus les prix étaient élevés, mieux les industriels français étaient protégés et moins ils protestaient.

Mais c'était les sinistrés qui payaient la différence et qui étaient les victimes de ces tiraillements entre les deux pays.

§ 4. — Les Coopératives de reconstruction

Il y aurait eu un autre moyen de diminuer les dépenses de reconstitution, et ici j'arrive, après cette longue introduction, à notre vrai sujet : l'association entre les intéressés.

Il est évident qu'en laissant aux initiatives privées cette œuvre colossale de la réparation, chacun travaillant pour soi, faisant des commandes pour soi, on arrivait nécessairement à une surenchère, à une majoration des prix, à un pullulement d'intermédiaires et de parasites, et à tous les abus que j'ai signalés. Tandis que si tous ces millions de sinistrés avaient pu ne former qu'un seul acheteur et seul entrepreneur, l'économie réalisée aurait été énorme.

Dans la prochaine leçon nous verrons que c'est ce qui a été fait par les industriels pour leur outillage. Ils ont fait une société qui s'est chargée de faire les achats collectifs, ce qui a permis non seulement une reconstitution de l'industrie très supérieure à ce qui existait avant la guerre, au point de vue technique, mais aussi une reconstitution beaucoup plus économique qu'elle ne l'eût été, laissée à l'initiative privée.

Ne pouvait-on faire de même pour la reconstitution des maisons ?

On l'essaya, mais les premiers essais ne furent pas heureux. On créa d'abord une « Union des Sinistrés ».

Mais cette Union des Sinistrés eut des résultats déplorables. Ce n'était pas une véritable association ; c'était une agence composée surtout de grands sinistrés qui, au lieu de chercher l'économie des frais, chercha la majoration des prix. Ce fut un des scandales de la reconstitution. Sans faire l'histoire de cette Union des Sinistrés, j'indiquerai simplement que, constituée avec un capital de 400.000 francs, elle distribua des millions en dividendes, dès les premières années, millions qui étaient prélevés comme commissions sur les indemnités. On disait aux sinistrés : Commencez par nous payer une certaine somme sur le montant de votre demande, et nous vous ferons obtenir la totalité.

Et comme la commission perçue était proportionnée au chiffre de la demande, on disait au sinistré : « majorez donc votre demande ». Et on a vu des cas où l'Union des Sinistrés a fait doubler, tripler, le prix demandé.

Fort heureusement, on vit apparaître les vraies coopératives. Dès 1919, avant la signature du traité de paix, un certain nombre de sinistrés formèrent des coopératives dans les départements du nord, pour la reconstruction de leurs maisons.

a) *Services rendus par les coopératives.*

Dans tous les pays, depuis longtemps, il existait des coopératives de construction. Elles n'étaient pas une chose inconnue en France. Des petites gens qui veulent faire construire des maisons pour se loger créent une coopérative, achètent des terrains qu'ils lotissent et s'adressent collectivement à un architecte pour la construction d'autant de maisons qu'il y a de sociétaires. Il est clair qu'on ne peut construire que petit à petit, selon le chiffre du capital qu'on a pu réunir et que, par conséquent, il faudra longtemps pour que chaque sociétaire ait sa maison. Mais, on procède par tirage au sort, ou par mise aux enchères.

On devait naturellement penser que la reconstruction

dé centaines de milliers de maisons offrait une occasion unique pour créer ces coopératives. En effet, un certain nombre de ces sociétés coopératives de reconstruction réussirent parfaitement.

Elles réussirent si bien qu'une loi, la loi du 15 août 1921, fut promulguée spécialement pour les consacrer :

Article 1er. — Ces sociétés ont pour objet de procéder à toutes opérations relatives à la reconstitution immobilière, notamment à la préparation des dossiers, à l'évaluation des dommages, à l'exécution, à la surveillance et au paiement des travaux, et au remploi des avances et à-comptes. »

Pour comprendre les services éminents qu'ont rendus ces coopératives de reconstruction, il faut se représenter les difficultés que rencontrait un sinistré quand il était isolé, et surtout quand il s'agissait d'un petit sinistré.

Voici ce qu'il avait à faire. Il fallait d'abord qu'il fît estimer la valeur de sa maison, dans les conditions que j'ai indiquées la dernière fois, c'est-à-dire calculer combien aurait coûté en 1914 la construction de sa maison s'il l'avait édifiée à cette époque.

Ce n'était pas facile ; il fallait des experts pour faire cette évaluation.

L'expertise faite, le sinistré devait se présenter devant la commission cantonale et lui soumettre cette estimation. Là, il se trouvait en face d'un représentant de l'Etat qui avait pour fonction de discuter la demande ; le sinistré devait donc se défendre.

L'évaluation une fois acceptée, ou rectifiée, il fallait déterminer ce qu'on appelle le coefficient, c'est-à-dire multiplier la valeur de 1914, par 4, par 5, ou par 6, afin d'établir la valeur actuelle de reconstruction. Ici encore, le sinistré devait défendre ses intérêts, mais il ne pouvait le faire sans le concours de spécialistes.

Admettons qu'il fût sorti de ce nouveau défilé dans le labyrinthe par où il devait passer. Le moment était venu d'obtenir le paiement de l'indemnité par l'Etat, ou du moins des avances ; mais il n'était pas facile de toucher la somme.

Au début, on l'obtint sans trop de tiraillements ; l'Etat a distribué ainsi des billets de banque par milliards.

Mais le jour est venu, assez vite, où il n'a plus eu de billets et où il aurait fallu faire de l'inflation pour en accroître le nombre. Alors, on a dit aux sinistrés : nous allons vous donner en paiement des titres d'Etat. Mais afin de ménager le crédit de l'Etat et de ne pas trop multiplier les Bons de la Défense Nationale, on a créé le Crédit National (10 octobre 1919) pour remplacer l'Etat et émettre à sa place des obligations qui serviraient à ces paiements.

Les sinistrés étaient très mécontents ; que pouvaient-ils faire en effet ? Ce n'est pas avec ces Bons qu'ils pouvaient payer les maçons et les architectes. On leur disait bien que ces titres valaient de l'or et qu'il leur serait facile de les vendre ou de les faire escompter ; mais le moment est arrivé où ces titres ont perdu 10 %, 15 %, 20 %, et l'an dernier à pareille époque, ils perdaient 40 % de leur valeur nominale !

Il fallait donc tâcher de se faire payer en espèces et le plus tôt possible, avant la dépréciation du franc.

L'Etat disait aussi aux sinistrés : « Nous ne pouvons pas vous payer en argent ; mais nous pouvons vous payer en nature, avec les livraisons de l'Allemagne ; que vous faut-il : des pierres, du bois, du fer ? » Seulement, j'ai dit quelles difficultés il y avait à obtenir les livraisons de l'Allemagne.

Vous voyez combien de difficultés, vraiment insurmontables pour le sinistré isolé.

Et ce n'est là que le premier acte ! Quand il avait touché l'argent, en admettant qu'il y fût parvenu, il fallait s'adresser à l'architecte et à l'entrepreneur.

Mais l'architecte et l'entrepreneur avaient bien autre chose à faire qu'à s'occuper d'un petit sinistré ! ils lui disaient : « nous ne nous dérangeons pas à moins d'une affaire de cinquante millions. »

Les petits étaient ainsi obligés d'attendre que les gros fussent servis. Et il faut avouer que les petits sinistrés ont été, dans une certaine mesure, sacrifiés. Ceux qui ne sont pas encore payés, pour les 15 milliards restant sur les 82 milliards, ce sont précisément les petits. Mais faut-il en conclure, comme le fait une certaine presse, qu'il n'y a de justice que pour les riches ? C'est souvent vrai, mais ce n'est pas tout à fait vrai dans ce cas-là, parce que l'intérêt national c'était bien de remettre en œuvre d'abord les grandes exploitations, mines, fabriques, les grandes fermes, les voies ferrées.

Pour les petits, c'était leur intérêt seul qui était en jeu, non celui du pays.

Heureusement du jour où la coopérative est venue, tout a changé pour eux. Voyez en effet comment toutes les difficultés que je viens d'énumérer se trouvent levées.

Voici ce que la société fait pour eux. Elle se charge des expertises, les confie à des experts qualifiés qui sont d'honnêtes gens. Elle se charge de toutes les démarches auprès de l'Etat pour faire payer dans les meilleures conditions possibles. Elle a ses architectes et ses entrepreneurs attachés à la société, offrant par conséquent les meilleures garanties de capacité et d'économie. Elle se charge de faire venir les matériaux, ce qu'un propriétaire isolé ne peut pas faire, parce qu'on ne les accepte que par wagons entiers ; la coopérative fait donc ainsi bénéficier de l'économie sur le transport. Et si l'Etat fait trop de difficultés pour donner des fonds, la société se charge de trouver les fonds à emprunter, et même à un taux plus bas que l'Etat.

Et pour tous ces services, le sociétaire n'avait qu'à payer simplement 4 % d'avances, pour couvrir les frais généraux de la société. Au reste, si à l'expérience il n'était pas content, il pouvait se retirer à son gré, à la condition de rembourser, au moment de son départ, les dépenses qui avaient été faites pour lui : liberté d'entrer et de sortir.

Ce n'est pas seulement aux sinistrés que ces coopératives de reconstruction ont rendu des services éminents ; c'est à l'Etat lui-même, c'est à la Nation. Et cela, de plusieurs façons.

D'abord, en restreignant la majoration des prix, en supprimant les abus dont j'ai parlé et dont naturellement l'Etat était victime.

Je ne prétends pas que ces coopératives fussent composées elles-mêmes exclusivement de saints, pas même celle qui s'est consacrée aux églises; il y a eu, là comme ailleurs, des gens qui cherchaient leur intérêt, mais il y avait un contrôle réciproque qui ne permettait pas à tel ou tel des associés, de tirer trop la couverture. Si un des associés avait voulu quadrupler ou décupler son indemnité, ses co-sociétaires auraient eu vite fait de l'arrêter. Il y avait donc là le plus efficace des contrôles, le contrôle réciproque des membres d'une même association.

Elles ont rendu service aussi au point de vue de l'hygiène. J'ai dit que l'industrie française avait beaucoup gagné à cette catastrophe, parce qu'elle avait fait peau neuve. Eh bien, il en a été un peu de même pour les installations des nouveaux villages.

Les habitations, en France, sont loin de réaliser ce qu'on appelle le confort moderne. Il y a quantité de maisons insalubres ; il y en avait dans le Nord comme ailleurs. Puisqu'il fallait tout rebâtir, on aurait voulu que les nouveaux centres de population fussent conformes aux desiderata de l'hygiène et même de l'esthétique urbaine. Ce n'était pas facile, parce que les sinistrés aspiraient à retrouver leurs maisons telles qu'ils y avaient vécu, de père en fils : ils y étaient attachés. Les coopératives ont réagi efficacement contre cet esprit de misonéisme ; elles avaient sur leurs sociétaires des moyens de persuasion efficaces ; elles faisaient leur éducation, elles leur montraient des plans, elles leur donnaient des conseils. C'est ainsi qu'on peut voir actuellement dans les départements du Nord, des villages modèles, qui sont précisément l'œuvre des coopératives.

Pour l'emploi des matériaux, les coopératives ont rendu aussi cet immense service de mettre en pratique la standardisation. Les grandes coopératives ont dit à leurs membres : vous n'allez pas demander des portes et des fenêtres de dimensions différentes pour chaque maison ; nous allons faire 100.000 portes et 100.000 fenêtres d'un coup, et ce sera infiniment plus rapide et plus économique. Il en est résulté des économies considérables.

Mais voici le service le plus important qu'auraient pu, et qu'auraient voulu, rendre les coopératives : c'eût été de se faire exécuter les prestations en nature par l'Allemagne. Les coopératives n'ont jamais partagé les préjugés dont j'ai déjà parlé. Elles ont, au contraire, fait ce qu'elles ont pu pour vaincre ces résistances obstinées, moins encore celles des populations que celles des pouvoirs publics et des industriels. Voici un texte qui en fournit la preuve :

« Le Conseil d'administration de la Confédération Générale des Coopératives de reconstruction des régions dévastées constate que, malgré les engagements formels et réitérés pris par le gouvernement, il n'a pas été encore livré un seul mètre cube de bois aux sinistrés, au titre des paiements en nature, sur les coupes exécutées dans les forêts domaniales de Rhénanie ;

« constate qu'il en est résulté pour les négociants de bois (français) la possibilité de maintenir artificiellement et abusivement des prix presque prohibitifs ;

« demande avec la plus ferme insistance à M. le ministre des Régions Libérées, qu'il soit livré aux sinistrés, par imputation sur leur état de créance, des quantités de bois en rapport avec leurs besoins ;

« blâme la procédure d'incohérente imprévision, etc. »

Vous voyez que les coopératives seules ont eu l'intelligence de la situation.

On crut un moment qu'elles auraient la victoire. M. de Lubersac, leur président, obtint l'autorisation de signer, avec le grand industriel allemand Stinnes, un accord, qui a été le seul accord considérable entre la France et l'Allemagne pour les réparations. Par cet accord, il devait être constitué en Allemagne un comité d'industriels qui s'engageaient à fournir tout ce que demanderait la Fédération Centrale des Coopératives des régions sinistrées. Mais, malgré cette entente, on se heurta à de telles résistances de part et d'autre, celles dont je parlais tout à l'heure, que l'accord reste presque sur le papier. En effet, c'est le 14 août 1924 qu'il fut signé ; or, à la fin de la même année, quatre mois et demi plus tard, on n'avait fait que pour 1.015.000 fr. de livraisons, ce qui est un chiffre tout à fait insignifiant.

Peut-être cependant aurait-on réussi à obtenir de meilleurs résultats, si dès l'année suivante 1925 l'occupation de la Rhur n'était venu couper court à tout accord.

Mais l'intention y était, et si les coopératives de reconstruction avaient été formées plus tôt, si elles s'étaient généralisées dans tous les départements ravagés, et si elles avaient été mieux servies par le milieu, elles auraient pu éliminer la tourbe des spéculateurs et parasites et réduire notablement l'énorme chiffre de 82 milliards de reconstruction.

Néanmoins, malgré leur échec sur ce dernier point, les coopératives ont fait de grandes choses ; elles ont reconstruit 70.000 maisons, plus de cent églises ; dans la ville de Reims elles ont fait 60 % de l'œuvre de reconstruction.

Il semble que ces coopératives auraient dû attirer à elles la totalité de la population des régions dévastées. Si tel n'a pas été le cas et si elles n'en ont rallié qu'une minorité, la raison doit en être cherché dans leurs vertus mêmes. Bon nombre de sinistrés n'ont jamais voulu y adhérer, précisément parce qu'ils savaient qu'ils seraient gênés pour surfaire leurs prix et pour demander des majorations d'indemnités, et ils ont pensé qu'agissant isolément ils pourraient se dérouiller plus aisément.

C'était pour les coopératives une tâche délicate que de ménager les intérêts de chacun. Chaque sinistré voulait être le premier servi ; or, il fallait mettre de l'ordre et de la méthode. Et il est intéressant de voir avec quelle intelligence les coopératives ont procédé.

Dans certains cas, elles ont dit : il faut commencer par les fabriques, parce qu'elles donneront du travail aux ouvriers. Mais généralement elles se sont inspirées de sentiments d'humanité ; elles ont commencé par les écoles pour les enfants; elles ont accordé la priorité à la maison des veuves et des orphelins. Et quand il n'y avait point de raison de priorité, on avait recours au tirage au sort.

b) *Organisation de ces Coopératives.*

Aussi s'est-il formé des milliers de ces coopératives de reconstruction.

Quelques-unes avaient une physionomie curieuse : par exemple, celle pour la reconstruction des églises. 3.600 églises avaient été détruites pendant la guerre. Car c'était le clocher de l'église qui était le premier but du canon. On sait que même les clochers augustes de Reims n'ont pas été épargnés ; dans les villages, ils ont été presque tous démolis comme le reste. La Coopérative de reconstruction des églises a associé dans son œuvre les curés et les fidèles ; elle a trouvé de l'argent, c'est elle qui en a trouvé aux meilleures conditions.

Les coopératives locales ont constitué des fédérations régionales groupées à leur tour dans une Fédération Nationale, association colossale qui a englobé 101.000 sinistrés et qui, par conséquent, quand il s'agissait de traiter avec des entrepreneurs ou de discuter avec l'Etat, avait une autorité que n'aurait pu avoir le sinistré isolé, même le très gros sinistré.

Néanmoins, on s'est plaint souvent que les administrateurs et le président fussent les premiers servis pour les indemnités et les premiers à faire reconstruire leurs maisons. Il y a là, probablement, une part de vérité. C'est par la raison que j'indiquais tout à l'heure : c'est parce que les directeurs de ces coopératives étaient généralement de gros sinistrés, de grands industriels; et il était de l'intérêt de tous, notamment de la population ouvrière, de commencer par eux.

L'Etat, en reconnaissance de ces services, leur avait fait quelques petites faveurs, pas bien grandes.

Il avait décidé que les avances sur paiements, qui n'étaient que des 3/4 pour les sinistrés isolés, seraient élevées aux 9/10 pour les coopératives.

L'Etat leur accorda aussi une petite indemnité pour payer leurs frais de premier établissement, tels qu'achat de registres, etc., qui variait de 300 à 2.000 francs, suivant l'importance de la société. C'était peu de chose, en regard des services rendus ; et pourtant, il est bon de noter que cette faible faveur suscita l'irritation des économistes de l'école libérale, toujours aux aguets chaque fois que l'Etat intervient en faveur d'une œuvre sociale. C'est ainsi que le journal *Le Temps*, représentant depuis bien des années l'économie libérale, en rappelant ces faveurs, disait :

« Nul plus que nous n'est partisan de la coopération ; nous en enseignions les avantages bien avant que la plupart de ses défenseurs d'aujourd'hui y songeassent. [Je dois faire, bien entendu, des réserves sur cette affirmation !] Mais en vertu de quel droit veut-on aujourd'hui, subordonner à des conceptions de ce genre la participation à des versements auxquels tous les sinistrés ont un droit égal ? Les travaux effectués par l'organe des sociétés coopératives sont-ils en général mieux faits, à meilleur compte et procurent-ils par suite ces avantages à l'Etat, en même temps qu'aux sinistrés ? Si c'est vrai, si les sinistrés doivent en tirer profit, les croit-on assez dénués d'intelligence pour méconnaître leur intérêt et pour avoir besoin des subventions de l'Etat ? »

Cette foi dans l'intelligence des intéressés, qui caractérise en effet l'économie du laisser-faire, est un optimisme sans cesse démenti par les faits. Non, les sinistrés, pas plus que les autres consommateurs, pas plus que la masse des individus en général, n'ont conscience de leurs intérêts. Ils sont même les derniers à en avoir conscience. Et par conséquent, ils ne se sont pas constitués en coopératives aussi facilement et aussi spontanément que leur intérêt l'eût conseillé, et quelques encouragements à ces coopératives n'étaient donc pas inutiles.

§ 5. — Les Coopératives de reconstitution industrielle

Si les maisons d'habitation ont eu à souffrir de la guerre beaucoup plus qu'on aurait pu l'imaginer, du moins en est-il resté un grand nombre d'indemnes. Mais pour les immeubles industriels on peut dire qu'aucun n'a échappé, tout au moins en ce qui concerne l'outillage, si même les murs sont restés debout. Je ne suis pas de ceux qui, à aucun moment de la guerre, ont incriminé particulièrement l'ennemi — mais il faut bien reconnaître que les dévastations commises par l'armée allemande ont eu un caractère systématique que n'avaient pas eu les dévastations des guerres antérieures. Elles n'ont été nullement le résultat des nécessités ou des hasards de la guerre, mais ordonnées, organisées, en vue de détruire l'industrie française pour l'avenir, en vue de supprimer la concurrence industrielle de notre pays. Je ne fais pas injure aux Allemands en le disant, puisque c'est écrit en toutes lettres dans leurs instructions officielles qui ont été

publiées (1), et dans lesquelles sont indiquées minu-
tieusement, dans chaque région, quelles sont les usines
dont il faut enlever jusqu'à la dernière machine, jusqu'au dernier outil ; quels sont les modèles de fabrique
qu'il faut enlever ; on y trouve, scientifiquement expo-
sés, les avantages que l'industrie allemande pourra
attendre de cette destruction des industries françaises.
Nos grandes mines de charbon du Nord et du Pas-de-
Calais furent noyées sous un déluge d'eau ; tous les
puits furent détruits. Il fallut 7 à 8 ans de travaux
colossaux pour les remettre en état.

Il y avait donc là des destructions effroyables à
réparer. Et le chiffre de 30 milliards que nous avons
vu inscrit dans le tableau de la page 152 ne paraît pas
exagéré.

Fallait-il laisser à chaque industriel et à chaque Compagnie le soin, dès que le territoire serait libéré, d'acheter ce qui lui était nécessaire et de refaire son outillage ?
Il y aurait eu immédiatement une surenchère qui aurait
fait monter les prix de toutes les matières premières
dans des proportions énormes. Les gros industiels
auraient éliminé les petits et on aurait provoqué une
crise qui aurait multiplié encore celle des ravages de
l'invasion.

C'est pourquoi, dès le début de la guerre, en novembre
1915, on constitua, sous le nom « d'Association pour
la reprise de l'activité industrielle dans les régions
envahies », une institution composée des représentants
de tous les grands industriels de ces régions.

Je fais remarquer en passant que c'était un acte de
vaillance et de foi assez noble que la constitution de
ce comité, en pleine guerre ; il y avait là une confiance
dans le relèvement du pays, qui rappelle le trait célèbre du Sénat romain, mettant en vente les champs

____

(1) Elles ont été publiées à Munich en 1916 et adressées « confi-
dentiellement » aux Chambres de Commerce. Mais des exemplaires
ont été retrouvés lors de la retraite des armées allemandes et ont été
traduites et publiées par la Chambre de Commerce de Lille.

sur lesquels campait l'armée d'Annibal, et trouvant acquéreur.

Ce ne fut qu'après quelques mois, que cette association, qui n'avait pas pris tout d'abord son caractère définitif, se transforma en une véritable société coopérative, le 2 août 1916, sous le nom de « Comptoir Central d'achats industriels pour les régions envahies ».

Voici comment il définissait lui-même son but dans ses statuts :

« L'objet de l'entreprise est d'acheter des matières premières et des produits naturels et industriels, tout l'outillage et le matériel industriel, ainsi que toutes les fournitures, accessoires, tout ce qui pourra être utile pour la remise en marche des établissements industriels situés dans les régions envahies ».

Ce Comptoir était, comme je viens de le dire, une véritable coopérative, dans toute l'acception de ce mot.

Voici en effet quels étaient ses caractères.

Le premier, c'est que le Comptoir n'avait aucun caractère lucratif. Il y avait 10.000 actions, à 100 francs chacune, ce qui représentait un capital de 1 million. Ce capital actions n'avait droit qu'à un intérêt de 5 %, mais à aucun dividende. Telle est la caractéristique de toutes les associations coopératives.

Le second caractère du Comptoir c'est que les fonctions d'administrateur y étaient gratuites ; il n'y avait pour eux ni traitements ni jetons de présence, alors qu'ils assumaient cependant des fonctions très absorbantes.

En troisième lieu, quand le Comptoir serait dissous parce qu'il aurait accompli son œuvre, le capital subsistant ne serait pas réparti entre les actionnaires, comme c'est la règle dans toutes les sociétés par actions, mais serait partagé entre tous ceux qui auraient fait des opérations avec le Comptoir, au prorata du chiffre de leurs opérations, ce qui est encore le trait caractéristique des coopératives. Elles appartiennent à ceux pour les besoins de qui elles ont été créées, pour les usagers, comme on dit, non aux actionnaires.

Puisqu'il avait tous les caractères auxquels on reconnaît la véritable coopération, il est regrettable que le Comptoir n'ait pas inscrit ce qualificatif dans sa dénomination.

On pourrait s'étonner que le Comptoir n'eût qu'un capital de 1 million, somme infime par rapport aux milliards de dégâts qu'il s'agissait de réparer. Mais il faut penser que le Comptoir n'avait pas à payer lui-même les matières premières ou les instruments qu'il achetait ; il servait seulement d'intermédiaire.

Mais alors qui fournissait les fonds ? Sans doute, dira-t-on, les intéressés, eux-mêmes, les industriels pour le compte de qui ces achats étaient effectués. Non, car ces industriels étant ruinés n'auraient pu payer ; il fallait précisément, pour leur permettre de se relever, leur fournir le plus tôt possible les fonds nécessaires, et c'est l'Etat qui le fit.

A cet effet, il créa, auprès du Ministère du Commerce, ce qu'on a appelé « l'Office de Reconstitution Industrielle des départements victimes de l'invasion ». Cet Office fut créé dès le 6 mai 1917. Mais s'il avait acheté lui-même pour faire la répartition entre les industriels, il aurait probablement fait de très mauvaise besogne (1) ; c'est pourquoi il prit comme mandataire le Comptoir dont je viens de parler.

« Le Comptoir, est-il dit dans la loi, procèdera pour le compte et comme mandataire de l'Etat — sous le contrôle du Ministre du Commerce, exercé par l'Office de Reconstitution Industrielle des départements victimes de l'invasion — aux achats de matières premières et produits. »

Une commission de 1,50 % fut accordée au Comptoir, pour couvrir ses frais ; en fait, ces frais n'ont été que

---

(1) Tel fut le cas en effet d'un Office de Matériaux créé par l'Etat, je ne sais pourquoi, en 1919 et qui n'eut pour résultat qu'un gaspillage terrible de matériaux.

de 0,66 % ; l'excédent a été remboursé aux acheteurs, comme il est dit ci-dessus.

Mais ces fonds avancés par l'Etat, le furent-ils à fonds perdus ? Non, les industriels pour le compte de qui les achats étaient faits, durent s'engager à les rembourser. Toutefois, il ne faut pas oublier que l'Etat s'étant reconnu débiteur de tous les dommages de guerre, les industriels sinistrés avaient, à ce titre, une créance qui pouvait faire compensation à leur dette et même leur valoir un gros solde créditeur contre l'Etat.

Les opérations de ce Comptoir furent très considérables. Depuis la date à laquelle il a pu la commencer (novembre 1918) jusqu'à celle où elles ont pris fin (décembre 1925), elles se sont élevées à une douzaine de milliards, répartis entre plus de 200.000 industriels; et ce qui prouve combien sa gestion a été bonne, c'est que sur ce nombre énorme d'opérations il n'y en a eu que 80, et de peu d'importance, qui aient donné lieu à procès.

La plupart des achats furent faits en France même, mais il fallait bien en faire aussi à l'étranger et surtout en Allemagne, et le Comptoir put ainsi faire jouer la clause des livraisons en nature.

Les économies réalisées ont été évaluées à 11 ¼ p. 100.

L'organisation de ce Comptoir était très perfectionnée. Elle comportait 3 sections (1) :

a) Service technique pour recevoir les commandes, avec 12 commissions correspondant aux principales branches industrielles ;

b) Service commercial pour la répartition et le transport ;

c) Service de comptabilité.

Ainsi, l'Etat, pour cette œuvre colossale de la restauration des régions libérées, a pris pour gérant, une institution coopérative.

---

(1) Pour plus de détails voir la brochure de M. René Théry : *Une heureuse collaboration de l'Etat et d'une entreprise privée.*

Nous avons là un cas remarquable d'une évolution qui tend de plus en plus à se généraliser aujourd'hui, celle de la collaboration entre l'Etat et les coopératives, dont nous avons déjà donné plusieurs exemples.

De plus en plus, l'Etat et les villes prendront pour mandataires, dans des services d'utilité publique, les sociétés coopératives (1).

CHAPITRE IX

LES COOPERATIVES DE CULTURE.

Nous avons vu les coopératives à l'œuvre dans les régions dévastées pour la remise sur pied des usines et pour la reconstruction des maisons. Nous allons les retrouver dans la reconstitution des cultures.

§ 1. — Les dommages infligés à la terre

Dans le tableau des dommages que j'ai cité déjà, les dommages à la terre avaient été évalués à 22 milliards.

Ces chiffres ont scandalisé les économistes étrangers. Il surprend en effet à première vue ; on comprend que les Allemands aient pu détruire les usines, noyer les mines, dérober l'outillage et les machines ; mais la terre, tout de même, ils n'ont pu l'emporter !

Or, ces 22 milliards représentent beaucoup plus que la valeur toute entière de la terre occupée, puisque cette portion occupée n'a pas dépassé 4 p. 100 de la superficie de la terre française dont la valeur, d'après les statistiques officielles n'était que de 60 milliards (2).

Je suis disposé à croire en effet qu'il y a eu quelque

______

(1) Voir le livre de M. Bernard Lavergne paru postérieurement à ce Cours, *L'Ordre Coopératif*.

(2) Exactement 61.757 millions — d'après l'*Annuaire Statistique de la France* — représentant une valeur moyenne de 1.944 francs par hectare.

exagération quant au nombre d'hectares qui auraient été dévastés. Il a été évalué à 3.306.350 hectares, dont 1.923.000 de terres labourées.

Ce chiffre paraît énorme car il représente 6,60 % de la totalité de la superficie de la France (avant l'annexion de l'Alsace), donc très supérieure à celle de la région occupée. Il est vrai que la zone de guerre a été plus étendue que celle de l'occupation. Mais, d'autre part, comment supposer que partout où la guerre a passé, la terre a perdu la totalité de sa valeur ? Et même en admettant cette absurdité, si l'on multiplie le nombre de 3.300.000 hectares par la valeur moyenne d'avant-guerre 1.244 francs, cela ne ferait encore qu'un peu plus de 4 milliards de francs !

Cependant, ici comme pour l'évaluation des dommages aux maisons, il y a certaines considérations qui ont échappé à l'observation de ces critiques.

D'abord il ne faut pas oublier qu'il ne s'agit plus du franc d'autrefois : 22 milliards cela veut dire 5 à 6 milliards francs anciens.

En outre, il faut faire observer comme nous l'avons fait pour le mobilier des maisons, que ces 22 milliards de dommages comprenaient non seulement les dommages à la terre proprement dite, mais aussi l'outillage agricole et notamment le cheptel vivant, ce qui représente une somme énorme. Pensez à tout ce qu'il a été détruit ou enlevé de bétail !

Toutefois il n'y aurait pas lieu, semble-t-il, d'inscrire ce dommage dans la liste, parce qu'il a été réparé tout de suite, et en nature. Quand on répète que les indemnités allemandes n'ont pas été payées, on oublie tout ce qui a été restitué en nature, sous forme de bétail et objets mobiliers.

La restitution même a été faite de la façon la plus sévère et comme c'était au lendemain de la victoire, — les Allemands se sont exécutés sans protester. On a poussé même le recouvrement de cette créance sur les objets mobiliers à un degré qui paraît un peu exagéré,

C'est ainsi qu'on a non seulement fait restituer un nombre égal de vaches (100.000), de chevaux (83.000), de moutons, mais on a fait livrer 23.000 ruches à abeilles, on a exigé la livraison de 5 millions d'alevins, pour remplacer la quantité de poissons supposée détruite dans nos cours d'eau ; de même pour le gibier, on a évalué le nombre de lièvres, de faisans ou de lapins. qui auraient été détruits et on a exigé le remplacement de ces victimes de la guerre.

On peut même se demander si l'on n'avait pas fait rendre plus qu'il n'avait été pris, car des députés ont affirmé que le chiffre des pertes de bétail dans le département du Nord dépassait le nombre de têtes relevé par la statistique agricole dans ce même département.

Mais en ne tenant compte que de la terre elle-même, il n'y a pas à s'étonner s'il y ait eu des prix énormes pour la réparer, — quoique ce mot appliqué au sol paraisse paradoxal.

Il est très vrai qu'en maints endroits, la terre avait été détruite, au sens propre du mot, tout autant que les maisons elles-mêmes. Elle était dénudée, arrachée jusqu'au sous-sol.

Il fallut d'abord combler les tranchées. Ce travail a demandé le déplacement de plus de 300 millions de mètres cubes de terre. En supposant qu'il ait fallu 4 mètres cubes de terre par mètre de tranchée, cela supposerait qu'il y avait 80.000 kilomètres de tranchées, c'est-à-dire deux fois le tour du monde.

En outre, le sol était couvert de milliers de kilomètres de fils de fer barbelés qui rendaient toute culure impossible ; or, il n'est pas facile d'enlever ces fils de fer et de les transporter, et où les mettre ?

Il n'y avait pas seulement à combler les tranchées : il y avait aussi à combler les trous d'obus et de bombes qui étaient au nombre de millions et dont beaucoup étaient aussi vastes que des cratères de volcans.

En outre, il a fallu débarrasser la terre des obus

éclatés ou non ; on a enlevé plus d'un million de tonnes
d'acier et ce travail a été fait au-péril de la vie des agriculteurs ou des travailleurs qui en étaient chargés, puisque nous voyons encore presque tous les jours des
accidents mortels causés par des éclatements d'obus
qu'on trouve dans la terre.

Dans ce qu'on a appelé la Zone Rouge, c'est-à-dire
cette zone qui a marqué le front entre les belligérants,
depuis le Pas-de-Calais jusqu'aux Vosges, sur une lon-
gueur de 500 kilomètres, la terre — pour employer une
expression qui fait tableau et qui se trouve dans les
documents officiels — a été assassinée. On avait même
décidé qu'on n'essaierait pas de ressusciter cette terre
morte ; on avait pensé à la racheter et à y planter une
forêt qui dans un avenir plus ou moins reculé serait
devenue une forêt sacrée, tout le long de l'ancien front
français.

On avait évalué, au lendemain de la guerre à 180.000
hectares la superficie de la Zone Rouge, de cette zone
considérée comme désormais perdue pour la propriété
privée et qui devait être classée.

Mais on n'avait pas eu assez de foi dans l'effort tenace
des anciens propriétaires qui ont réussi à opérer ce
miracle de ressurrection.

Quand le gouvernement a envoyé des travailleurs
pour déblayer cette terre et a voulu classer les terrains
jugés inutilisables pour la propriété privée, les habitants se sont quasi insurgés. Ils ont dit : cette terre est
nôtre, nous ne voulons pas qu'on nous l'enlève.

Il y a eu là des épisodes touchants. J'en citerai seulement un. C'était dans une commune du Pas-de-Calais,
la commune de Rœux. Le conseil municipal attendait
sur les lieux les quarante travailleurs envoyés par l'Etat
pour niveler cette terre et pour en faire un domaine
public. Les paysans se rassemblèrent sur la place publique. « Ce fut, dit le maire, une minute poignante.
Nous avions tous les yeux pleins de larmes. Quelqu'un,
dans notre groupe, dit : Ce n'est pas possible ! nous

n'obéirons pas ! Tous ensemble, alors, nous sommes allés sur le tas de pierres qui avait été notre clocher et nous avons, comme la nuit tombait déjà, fait le serment de sauver notre village et nos labours. »

En effet, d'après les statistiques qui remontent déjà à un an (à 1926), il ne restait plus de cet immense désastre que 239 hectares que l'on considérait comme absolument inutilisables et qui peut-être à l'heure actuelle sont, eux aussi, ressuscités.

Ainsi, tous ces lieux fameux, dont les noms sont revenus si souvent dans les communiqués de la guerre, le Chemin des Dames, Berry-au-Bac, les collines de Verdun, tout cela est de nouveau cultivé, labouré. Mais à quel prix !

Beaucoup de ces terrains ont demandé pour leur reconstitution un prix infiniment plus élevé que la valeur de la terre.

Il ne faut donc pas se scandaliser de ce chiffre énorme de 22 milliards, indiqué comme représentant les dommages à la terre.

§ 2. — La coopération agricole entre sinistrés

En présence de tels désastres, la coopération, qui nous est apparue comme le salut quand il s'est agi de reconstituer l'industrie ou de relever les maisons, ne pouvait-elle se prêter aussi bien à la réfection des cultures ?

Il y eut en effet d'abord une « Coopérative d'approvisionnement agricole » (dite société des Tiers Mandataires) à peu près semblable à celle que nous avons vue pour la reconstitution de l'outillage industriel. Mais il y eut aussi, comme pour la reconstruction des maisons, de vraies coopératives de reconstitution des terres.

Il semble bien qu'ici le plus grand obstacle à l'association, qui est l'individualisme paysan, devait s'effacer.

En effet, comment pratiquer ici le chacun pour soi ? Il n'y avait plus de bornes sur ces terres, plus de fossés, plus de murs, plus de haies ; on ne pouvait plus reconnaître les limites. Et alors, n'était-il pas plus simple de grouper toutes ces terres, du moins pour commencer, dans une même exploitation coopérative ?

Etant donné la difficulté de reconnaître et de délimiter les parcelles, n'était-il pas plus simple de supprimer ce parcellisme. A quoi bon refaire un cadastre en reconstituant, comme dans un jeu de puzzle, les parcelles de chacun ? Et puisque la guerre avait eu pour les usines cet heureux résultat de faire faire peau neuve et de remplacer leur vieux matériel par un outillage moderne et scientifique, puisqu'elles avaient permis à ces misérables villages, dont beaucoup ne comprenaient que des taudis, de se reconstituer sous la forme de cités-jardins, sur des plans modernes, n'était-il pas indiqué de profiter de l'occasion pour faire aussi une terre neuve où la propriété unitaire et coopérative remplacerait la vieille propriété individualiste et morcelée ?

Il n'y avait pas seulement cette raison ; il y en avait bien d'autres. J'ai parlé de tout le cheptel qui avait disparu. On le remplaçait mais on ne le rendait pas identique. Voilà tel propriéaire à qui on avait enlevé 30 vaches ; on lui rendait 12 bœufs et 20 vaches. On ne restituait d'ailleurs pas par personnes, mais par communes. Comment alors s'y reconnaître ? Il n'y avait ni identité de nombre ni identité de nature. Comment faire la répartition entre les différents sinistrés ? N'était-il pas préférable, ici encore, de faire un bloc de toutes ces restitutions, et d'utiliser en commun tout le troupeau ?

C'était si naturel que quelques Conseils généraux, notamment le Conseil général des Ardennes, demandèrent qu'on procédât ainsi, par le moyen des coopératives agricoles.

On avait d'ailleurs un exemple tout récent, mais qui, il est vrai, n'était pas fait pour plaire aux habitants : le système de la culture coopérative avait été inauguré par les Allemands. Ah ! ce n'était pas la coopération libre et facultative, c'était la coopération militaire. Dès que les Allemands ont occupé ces régions-là, ils n'ont plus tenu aucun compte des séparations de propriétés ; ils ont réquisitionné pêle-mêle dans toutes les fermes les hommes et les femmes comme travailleurs, puis le bétail, les outils et les machines. Ils ont divisé le terrain par catégories de cultures ; ils ont réparti les travailleurs en équipes spécialisées pour cultiver telle ou telle section, les uns pour les céréales, les autres pour le jardinage, etc. Ils ont ainsi donné des leçons de culture collective.

Sans doute ce régime ne pouvait laisser dans l'esprit des habitants qu'un douloureux souvenir. Mais les épreuves doivent être une leçon dont il faut savoir profiter. Les habitants des régions envahies devaient comprendre que ces procédés brutaux et despotiques avaient été tout de même efficaces. Car ce n'était pas, comme on l'a dit, par brimade et caprice de vainqueur que les Allemands infligeaient ce régime à la population française. Ils avaient fait de même chez eux. Les Allemands avaient eu, eux aussi, une région dévastée, quoiqu'on n'en parle jamais ; ils ont eu, eux aussi, une œuvre de reconstitution, moins considérable, heureusement pour eux, que la nôtre, mais qui a été tout de même dure et a été menée avec une rapidité et une méthode merveilleuse. Ce fut à la suite de l'invasion de l'armée russe, dans les débuts de la guerre ; dès 1914 et jusqu'au jour où elle a été refoulée par la victoire de Tannenberg, l'armée russe avait ravagé complètement toute la Prusse Orientale et n'avait rien laissé debout.

Or les Allemands se sont mis tout de suite à la reconstitution, dès 1915, et ont employé vis-à-vis de leurs propres sujets le procédé qu'ils devaient employer également dans nos régions envahies. Ils ont procédé par méthode collective. La culture coopérative obligatoire fut imposée d'abord sur un territoire de 250.000 hectares dans la Prusse Orientale, puis appliquée à d'autres régions.

Il y avait donc un exemple dont on pouvait s'inspirer pour inaugurer la culture coopérative.

Et si on ne voulait pas s'inspirer de l'exemple de l'ennemi, on pouvait regarder chez nous-mêmes et y trouver une leçon.

En effet, en France même, non plus dans les régions occupées, mais dans les régions de l'intérieur, la coopérative de culture fonctionnait. Déjà la loi de 1916 l'avait inaugurée pour les terres dites abandonnées.

J'ai déjà dit qu'en France, à la suite de la mobilisation, il y a eu des terres qui sont restées en friche parce qu'il n'y avait plus personne pour les cultiver, les propriétaires étant mobilisés, ou n'ayant pas d'argent. La superficie des terres emblavées avait notablement diminué de 1915 à 1916.

Le gouvernement s'est ému de cette situation à une époque où la pénurie commençait à se faire sentir, tout particulièrement pour le pain ; c'était un danger national.

L'Etat est intervenu par une première loi du 6 octobre 1916 qui donnait aux communes la faculté de mettre en culture les terres abandonnées. Si cette loi avait été appliquée, il y aurait eu une culture non pas précisément coopérative mais communale, car c'est la commune qui aurait pris en mains la culture des terres abandonnées sur son territoire.

Mais cette loi ne donna aucun résultat parce que les communes ne se soucièrent pas de l'appliquer. Nos communes rurales de France ont un respect profond de la propriété, et cette loi leur est apparue comme un attentat à la propriété individuelle. Prendre la terre de quelqu'un parce qu'elle n'est pas cultivée, c'est évidemment décapiter la propriété individuelle telle qu'elle est établie dans nos lois et dans nos mœurs. La propriété cesse d'être un droit absolu pour devenir une fonction sociale, et le propriétaire qui ne remplit plus sa fonction est révoqué comme le serait tout autre fonctionnaire. Voilà le sens de la loi de 1916. C'est précisément parce que les communes rurales ont compris inconsciemment sa gravité qu'elles n'ont pas marché. Elles ont préféré laisser en friche les terres non cultivées.

Et puis, il n'y avait pas seulement le respect du droit de propriété, il y avait le respect du propriétaire lui-même. On le déclarait déchu et pourtant très souvent il était au front et se faisait tuer. Il était tout de même un peu dur de lui dire qu'il avait déserté en tant que propriétaire. Il y eut des mobilisés qui écrivirent chez eux : « Si quand je viendrai en permission je trouve n'importe qui sur ma terre, occupé à la cultiver, je lui tire un coup de fusil. »

Alors, voyant que les communes se refusaient, le législateur fit un pas de plus. Par une loi du 7 avril 1917, il appela à cette mission sociale de culture, non plus les communes, mais les coopératives. Il déclara que toute coopérative qui se formerait pour mettre en culture les terres abandonnées recevrait certains avantages de l'Etat.

D'abord l'Etat lui ferait des avances de fonds à un taux presque gratuit, 1 %, avances suffisantes pour permettre la mise en culture du domaine qu'elles auraient pris : 400 fr. par hectare. A ce moment, le franc était au pair et c'était une somme assez considérable. Un crédit de 100 millions fut voté à cet effet en mai 1918.

Non seulement on prêterait à ces coopératives le capital de premier établissement, mais on leur fournirait à moitié prix les moteurs pour faire de la motoculture, à la condition qu'elles s'engagent à cultiver une surface suffisante, parce que les moteurs ne sont pas d'un emploi avantageux pour les petites étendues ; il fallait 50 hectares en blé ou 100 hectares en autres céréales.

Les coopératives qui acceptaient ces conditions avaient le droit de prendre possession de toutes les terres qui étaient en friche et de les cultiver, sous forme d'association coopérative de culture.

Il y en eut un certain nombre qui marchèrent; et en

1920, quand la guerre s'est terminée, on comptait, dans toute la France, une cinquantaine de coopératives de culture, cultivant une étendue de 60.000 hectares. Ce n'était pas beaucoup, alors que plus d'un million d'hectares étaient tombés en friche. Mais c'était tout de même une expérience intéressante.

Quelques-unes de ces coopératives furent considérables ; aux environs de Toulouse « la Coopérative de la Haute-Garonne » groupa un grand nombre de propriétés délaissées et arriva à former un domaine de 1.600 hectares, donc un très grand domaine qui fut ainsi cultivé sous la forme coopérative.

Il semblait donc que la culture coopérative était vraiment amorcée.

Néanmoins, malgré tous ces précédents les coopératives de culture ne purent se constituer dans les régions dévastées, sinon dans quelques cas très rares, et celles-là même ne durèrent pas. Cette expérience se heurta en effet à la mauvaise volonté de tous, à commencer par celle des propriétaires, des sinistrés eux-mêmes.

Il y eut beaucoup de départements sinistrés où il ne s'en forma point. Il n'y en eut aucune dans les départements du Nord; dans les Ardennes et dans la Meurthe-et-Moselle, il y en eu quelques-unes, peu nombreuses. En 1920, on comptait, dans toute l'étendue des régions dévastées, 16 coopératives de culture, comprenant 600 propriétaires environ, sans compter un certain nombre de « coopératives d'outillage agricole. »

La plus importante fut celle de Witry-les-Reims qui groupa, mais pour une durée de 2 ans seulement (1919-1920), 194 propriétaires sur 1.700 hectares.

C'était donc un maigre résultat.

Et pour quelles raisons ? Parce que ce mode de culture ne convenait pas au tempérament individualiste des paysans. Ils voulaient bien fournir un effort héroïque, mais chacun pour soi, et non pas conformément à la devise coopérative « chacun pour tous et tous pour chacun. »

Il n'y eût pas seulement la mauvaise volonté des sinistrés, mais aussi celle de l'administration elle-même. Quoique le ministre de l'Agriculture se soit décidé à leur donner une consécration officielle par la loi (loi du 21 juin 1919), à rédiger des modèles de statuts pour ces coopératives de culture, et qu'il leur ait consenti des avances (un peu plus de 4 millions de francs), au taux de 3 p. 100, l'administration française n'a jamais cru à leur succès et il faut reconnaître qu'il ne s'est pas trompé. Quand le Conseil général des Ardennes présenta un vœu pour qu'on en fît l'essai, le directeur des services agricoles au Ministère de l'Agriculture répondit : « la culture coopérative est irréalisable. »

Et pourquoi donc irréalisable ? Ce directeur de l'Agriculture était bien mal informé. Dans mon cours du jeudi sur la Coopération dans les pays Latins j'ai montré que ces coopératives de culture existent et même dans certains cas sont rendues obligatoires par la loi. En Italie, il y en a des centaines sous la forme de coopératives sinon de propriétaires, du moins de fermiers. En Russie soviétique il y en a des milliers, qu'on appelle des « ménages collectifs », paysans cultivant en commun leurs terres. En Espagne — pays qui pourtant n'est pas très avancé au point de vue coopératif — on a créé ce qu'on appelle des « colonies intérieures », précisément dans les terrains incultes, et les colons auxquels on concède ces terrains sont obligés, c'est une clause de la concession, de former entre eux des coopératives de culture. En Roumanie, à l'autre bout de l'Europe, depuis la loi agraire et même avant cette loi qui a bouleversé complètement la propriété, il y a eu aussi de nombreuses coopératives de culture entre paysans. Et c'est le cas aussi de bon nombre de colonies sionistes en Palestine.

Pourquoi ce qui est possible aux Espagnols, aux Roumains, aux Russes, aux Italiens, aux Juifs, serait-il irréalisable pour des Français ?

Dira-t-on qu'il y avait dans ce mode d'appropriation un caractère socialiste qui effrayait les paysans et l'administration elle-même ? Ce serait mal la juger. Cette idée d'association de culture avait été formulée, long-temps avant la guerre, par un homme d'Etat qui n'a jamais passé pour un socialiste, tant s'en faut, par M. Méline, l'un des pères du protectionnisme. M. Méline avait proposé de créer des associations entre propriétaires, sous la forme de sociétés par actions. Chaque propriétaire apporterait ses parcelles ; on les évaluerait ; on remettrait à chacun la valeur de ses parcelles sous la forme d'actions dans la société et on formerait ainsi une société où les terres seraient mobilisées sous la forme d'actions. Chaque propriétaire toucherait l'intérêt de ses actions, et quant aux bénéfices ils seraient répartis entre les membres de la société.

Il est vrai que dans le projet de M. Méline il ne s'agissait pas d'une vraie coopérative mais d'une société par actions à type capitaliste ordinaire, les bénéfices devant être répartis comme dans toute société, sous forme de dividendes, au prorata des apports de chacun, tandis que si elle était coopérative, les bénéfices seraient répartis au prorata du travail fourni par chacun des associés.

Mais au Congrès de la Coopération et de la Mutualité de 1913, donc avant la guerre, sur un rapport de M. Tardy (alors inspecteur général de l'Agriculture, aujourd'hui directeur de la Caisse nationale du Crédit agricole) la résolution que voici avait été votée : « il y a lieu d'encourager la coopération sous toutes ses formes en agriculture, notamment pour la culture en commun du sol. »

Je ne sais laquelle des deux formes avaient revêtue les quelques coopératives de culture qui s'étaient constituées dans les régions dévastées.

Quelle qu'elle fut, toutes ces coopératives de culture, aussi bien celles consituées à l'intérieur pour l'exploitation des terres abandonnées en vertu de la loi de 1916, que celles constituées dans les régions dévastées, toutes ont disparu ; elles ont liquidé.

Il faut dire qu'elles n'avaient pas été constituées à perpétuité ; mais enfin on pouvait espérer qu'une fois l'expérience commencée, elles continueraient, même après que les circonstances qui avaient déterminé leur création auraient cessé d'exister. Il n'en fut rien. Aussitôt que le terme fut venu, chacun alla de son côté. Même la grande coopérative dont je parlais tout à l'heure, de la Haute-Garonne quoique ayant duré plus longtemps que les autres, a liquidé aussi.

Au reste, ces liquidations n'ont pas été un désastre pour les coopératives, car elles ont fait, somme toute, d'assez bonnes affaires. L'affaire n'a été mauvaise que pour l'Etat, à qui les coopératives n'ont rien remboursé de ses avances, ou presque rien.

Ces sociétés une fois dissoutes, chaque propriétaire a repris ses terres et on est revenu au régime ancien.

Il ne reste qu'une seule de ces coopératives et il m'a fallu, pour la découvrir, m'adresser à la Caisse nationale du Crédit Agricole. Son directeur, M. Tardy, a bien voulu me répondre qu'il ne restait plus qu'une coopérative dans le département de la Somme, dont il vaut la peine de citer le nom, celle de Villers-Carbonnel, petite commune inconnue. Il serait très intéressant d'avoir l'explication de cette survivance, mais je ne la connais pas.

A vrai dire, on pourrait citer encore deux ou trois associations coopératives de culture, mais celles-ci sont en dehors de notre sujet ; elles sont antérieures à la guerre. Ce sont, dans la banlieue de Paris, des coopératives d'horticulteurs, et, je crois, aussi quelques coopératives de cultivateurs de fleurs aux environs de Cannes.

Enfin, à l'autre pôle pour ainsi dire de l'échelle des

cultures, il y a dans le Jura quelques coopératives qu'on appelle des « alpages » ; ce sont des paysans qui ont mis en commun leurs pâturages de montagne et y envoient leurs troupeaux de vaches, sous la conduite d'un même berger. C'est non une coopérative de culture mais d'élevage.

On peut se demander si au lieu d'essayer les coopératives de culture entre propriétaires, on n'aurait pas mieux réussi en cherchant à les former entre fermiers?

C'est le cas en Italie. En Italie, les coopératives de culture sont presque toujours des coopératives d'affermage. Ce sont des travailleurs qui se groupent pour exploiter un domaine agricole qui ne leur appartient pas, mais qu'ils ont affermé en commun.

On comprend en effet que chez des fermiers ayant pour tâche de cultiver un domaine qui ne leur appartient pas, la résistance individualiste soit moins forte que chez les vrais propriétaires paysans et qu'ils puissent s'accommoder plus facilement de l'association coopérative.

Il faut reconnaître d'ailleurs que la coopérative entre propriétaires ruraux donne lieu à des difficultés graves et pour lesquelles une loi spéciale serait nécessaire : par exemple les maisons et jardins seront-ils compris dans la communauté ? que deviendront les hypothèques ?

En réalité les propriétaires qui constituaient ces coopératives de culture n'apportaient pas à la société la propriété de leurs terres mais seulement la jouissance.

Si les coopératives pour la culture des terres délaissées ont mieux réussi que celles des régions dévastées c'est peut-être parce que celles-là n'étaient pas formées entre les vrais propriétaires mais entre des occupants temporaires.

Il y a, dans le centre de la France, de grands domaines qui sont divisés en un grand nombre de fermes : ces fermiers ou métayers — car c'est sous la forme de métayage que se fait la culture — ne pourraient-ils avantageusement se réunir en coopératives? Il y a généralement, entre les grands propriétaires et les métayers, un intermédiaire détesté qu'on appelle le fermier général, auquel tous les socialistes font la guerre. Ne pourrait-on pas remplacer ce fermier général par une coopérative entre métayers, qui traiterait directement avec le propriétaire du domaine et supprimerait cet intermédiaire, au grand profit des travailleurs et probablement à l'avantage des propriétaires eux-mêmes ? Il est surprenant de penser qu'il n'a pas encore été fait de tentatives dans cette voie.

On pouvait espérer que parmi ces nombreuses colonies italiennes qui viennent s'installer dans le Midi de la France et qui ont pris, les unes par achat, les autres par affermage, tant de terres abandonnées par nos propriétaires, quelques-unes auraient importé chez nous les coopératives d'Italie ; mais jusqu'à présent rien n'a été réalisé dans ce sens.

Il reste pourtant de ces coopératives de culture quelques petits résultats. La coopération partielle pour achats d'instruments et machines, c'est-à-dire le syndicat agricole élargi, a fait des progrès ; l'emploi des moteurs et tracteurs mécaniques s'est généralisé ; et surtout le groupement, même temporaire, des parcelles disséminées, a fait comprendre l'utilité d'un groupement plus méthodique de ces parcelles par voie d'échange entre propriétaires. Un certain nombre donc se sont décidés à faire ce qu'on appelle en droit un « remembrement », c'est-à-dire allotir à nouveau les territoires de la commune, en donnant à chacun une pièce de terre d'un seul tenant, d'une superficie égale à l'ensemble des parcelles qu'il possédait. Tel fut le cas notamment pour la Coopérative de culture de Witry-les-Reims dont nous avons parlé. Avant le remembrement, il y avait 6.262 parcelles d'une superficie moyenne de 20 ares. Après l'opération, il n'y en eut plus que 1.320, d'une étendue moyenne de

1 hectare (exactement 98 ares). Les avantages sont si évidents que même les plus obstinés dans leur individualisme les ont compris, et dans certains cas les ont réalisés même pour des terres qui n'avaient pas été cultivées sous forme coopérative.

Ne pourrait-on pas généraliser pour toute la France ce système du remembrement et même l'imposer ? Certains pays l'ont fait. Nous avons une vieille loi de 1865 qui, dans tous les cas où il y a incontestablement utilité publique à effectuer certains travaux, tels que desséchements de marais, drainages, irrigations, digues contre les inondations, confère à la majorité des propriétaires, s'ils sont d'accord, le droit d'imposer le syndicat commun à tous les propriétaires, sans tenir compte des résistances de la minorité.

Quoiqu'il faille voir là déjà des modes de coopération partielle, je n'oserais demander l'application de cette loi à la coopération de culture, mais tout au moins que le remembrement ne pourrait-il pas être considéré comme une mesure d'utilité pubique, aussi bien que l'irrigation ou le drainage ?

Arrivés au terme de cette étude, nous sommes obligés de reconnaître qu'en somme l'œuvre des coopératives pendant la guerre, si elle a été intéressante et à certains égards instructive, a été peu de chose.

Mais il ne faut pas nous sentir trop humiliés en tant que coopérateurs, car l'œuvre des pouvoirs publics et de l'Etat n'a pas été, comme nous l'avons vu, beaucoup plus efficace.

Alors, faut-il conclure en donnant raison aux économistes de l'école du laisser-faire et en reconnaissant que le seul facteur du relèvement national a été l'initiative privée ? Nous ne songeons pas en effet à nier que l'intérêt personnel n'ait été en ces tragiques circonstances le principal moteur, et les coopérateurs eux-mêmes n'ont pas prétendu qu'ils soient déjà en mesure de le remplacer. Mais ils sont en droit de prétendre, et en s'appuyant précisément sur l'histoire de la guerre et de ses suites, que son action est désordonnée et va souvent à l'encontre de l'intérêt général si elle n'est pas complétée, corrigée, contrôlée, par l'action collective, soit celle des pouvoirs publics, soit, de préférence, celle des associations libres.

TABLE DES MATIÈRES

CHAPITRE I. — *La Coopération en Europe pendant la guerre.*

§ 1. Qu'est-ce que la guerre a fait pour la Coopération ? 4

§ 2. Qu'est-ce que la Coopération a fait pour la paix ? 13

CHAPITRE II. — *Comment les Coopératives françaises ont traversé la guerre.*

§ 1. La crise des Coopératives au début de la guerre 25

§ 2. Les mesures prises par les Coopératives contre la panique 31

§ 3. Les mesures prises par les Coopératives pour le ravitaillement 35

§ 4. Paris durant la Guerre 40

CHAPITRE III. — *De la hausse des prix durant la Guerre.*

§ 1. La réduction de la production 44

§ 2. L'augmentation du coût de production...... 48

§ 3. La majoration des profits 49

§ 4. L'augmentation de la consommation 50

§ 5. La dépréciation de la monnaie 53

CHAPITRE IV. — *La lutte contre la cherté.*

§ 1. L'action individuelle du consommateur...... 57

§ 2. L'action de l'Etat 62

§ 3. L'action des Municipalités 74

§ 4. L'action des Coopératives de consommation.   77

§ 5. La collaboration des pouvoirs publics et des sociétés de consommation   88

CHAPITRE V. — *Les Coopératives dans les usines de guerre.*

§ 1. L'effort industriel durant la guerre. La hausse des salaires   102

§ 2. L'encombrement des villes industrielles. Les restaurants coopératifs   109

CHAPITRE VI. — *Les Coopératives aux Armées.*

§ 1. La consommation aux armées. Gaspillages et Économies   120

§ 2. L'intervention des Coopératives   127

CHAPITRE VII. — *Les Coopératives de consommation dans la zone de guerre.*

§ 1. Les dommages subis par les Coopératives...   136

§ 2. Les secours apportés aux Coopératives des Régions Libérées   142

CHAPITRE VIII. — *Les Coopératives de reconstruction.*

§ 1. Le Principe de la Solidarité nationale.......   148

§ 2. L'évaluation des Dommages   151

§ 3. Le règlement des indemnités   158

§ 4. Les Coopératives de reconstruction   170

§ 5. Les Coopératives de reconstitution industrielles   180

CHAPITRE IX. — *Les Coopératives de culture.*

§ 1. Les dommages infligés à la terre..............   185

§ 2. La Coopération agricole entre sinistrés.......   189